洞 天 瓷 韵

——醴陵窑钟鼓塘元代窑址出土瓷器精粹

湖南省文物考古研究所
醴陵窑管理所 编著

文物出版社

图书在版编目（CIP）数据

洞天瓷韵：醴陵窑钟鼓塘元代窑址出土瓷器精粹 /
湖南省文物考古研究所，醴陵窑管理所编著. -- 北京：
文物出版社，2019.8

ISBN 978-7-5010-6217-1

Ⅰ.①洞… Ⅱ.①湖… ②醴… Ⅲ.①民窑—瓷器
（考古）—醴陵—元代—图集 Ⅳ.①K876.32

中国版本图书馆CIP数据核字（2019）第154578号

洞　天　瓷　韵

——醴陵窑钟鼓塘元代窑址出土瓷器精粹

编　　著：湖南省文物考古研究所
　　　　　醴　陵　窑　管　理　所
装帧设计：秦　彧
器物摄影：宋　朝　张　冰
责任编辑：秦　彧　彭家宇
英文翻译：黄义军
责任印制：苏　林
出版发行：文物出版社
社　　址：北京市东直门内北小街2号楼
邮　　编：100007
网　　址：http://www.wenwu.com
邮　　箱：web@wenwu.com
经　　销：新华书店
印　　刷：北京荣宝艺品印刷有限公司
开　　本：889mm×1194mm　1/16
印　　张：15.75
版　　次：2019年8月第1版
印　　次：2019年8月第1次印刷
书　　号：ISBN 978-7-5010-6217-1
定　　价：320.00元

目 录

2015 年沩山钟鼓塘元代窑址考古发掘收获

醴陵窑位于今湖南省醴陵市沩山镇、枫林市乡一带，大体沿河流分布，分为沩山、望仙桥水库、甑皮岭、枫林市乡等几个大的片区，时代从宋元一直延续至 20 世纪 80 年代，其中沩山是醴陵窑的核心区域。

一 小沩山的历史

湖南省有两处名为"沩山"的地方。

一处是位于宁乡市西北的大沩山，《水经注》曰："湘水又北，沩水自西南来注之"[1]。西北溯源沩水，便可抵达大沩山，这里"草木深茂，四面水流深阔，故曰大沩。有香泉及大、小青龙诸泉，皆奇胜"[2]，在深谙地理的司马头陀向百丈禅师推荐下确定选址，并精心择定灵祐禅师于唐宪宗元和末年前去开山，后得相国裴休相助，奏请唐宣宗赐额"敕建什方密印寺"，从草创阶段的几人或几十人不断发展壮大，成为沩仰宗的发源地，远播台湾地区、日本、韩国和东南亚等地。

另一处是位于醴陵市东堡乡（今沩山镇）的小沩山，其距离市区约 15 千米，海拔高度 200 ～ 400 米，周围峰峦叠嶂（图 1），是醴陵两处主要瓷土产地之一[3]。

小沩山之名则要从唐代的宗教说起，在唐代，道教、佛教的社会影响和声望都达到了中国历史上的顶峰。唐早期，皇室认定老子为统治家族的先祖，道教被宣布为国家的最高信仰，在皇室的支持下，道教拥有了空前的政治影响力。道士司马承祯和杜光庭都曾被延请入朝，举行道教仪式或参与政事[4]。醴陵的沩山之名最早即见于司马承祯的《天地宫府图》[5]和杜光庭的《洞天福地岳渎名山记》道书中。《天地宫府图》中列举了道教的十大洞天、三十六小洞天和七十二福地，位列第十三小洞天的就是位于今天醴陵的"沩山好生玄上洞天"。洞天福地在道教创立的人间仙境体系中最具代表性，它们大都分布在中国境内的名山之中，但又不同于普通的自然山水，每一处洞天福地都是上仙真人的治所[6]，"洞天"意指通

---

[1] （北魏）郦道元著、陈桥驿校正：《水经注校正》，中华书局，2007 年。

[2] （清）顾祖禹撰、贺次君、施和金点校：《读史方舆纪要》，中华书局，2005 年。

[3] 另一处盛产瓷泥的地点在醴陵东北的王仙。

[4] 陆威仪：《世界性的帝国——唐朝》，中信集团出版社，2016 年，第 186 ～ 189 页。

[5] （宋）张君房纂辑、蒋力生等校注：《云笈七签》，华夏出版社，1996 年，第 154 页，书中潭州澧陵县当为潭州醴陵县。

[6] 李晟：《道教信仰中的地上仙境体系》，《宗教学研究》2012 年第 2 期。

天之山洞,居此修道可以通天仙,"福地"则指受福之胜地,居此修炼可以成地仙。唐代的沩山正是一处众山环绕、林木荟萃、远离尘嚣的人间仙境,这样的自然风貌同样也是佛教尤其是禅宗静修的首善之地。纵使经历了"武宗灭佛"事件,佛教仍是中国信徒最多和最具影响力的宗教,唐、五代时期,南禅兴起,许多禅僧游历江湖遍访名山,寻觅适宜的山林结庵禅居,弘扬六祖禅法,禅宗丛林的选址"通常并不直接置身于水陆交通之要冲,也不在平原条件较好的农耕区",而主要是在"夷獠丛杂的地区和经济地理条件优越地区之间的中间地带"[1]。这样的环境既远离尘嚣便于静修,又有交通孔道便于四处游历行脚,获得居士信众的护持资助,两方面条件兼具的沩山自然成为首选,这或许就是唐大缘禅师于此建沩山寺的缘由。

图 1 醴陵沩山地貌

一直到了元代,这里才开始有了瓷业生产活动,历年的调查显示,在沩山分布有 3 处元代窑址,但堆积都不多,烧造的时间也不长,短暂的瓷业生产,并未给沩山的生态环境造成大的改变。因而明中后期丁淑和思想家罗汝芳寻访沩山寺时所看到的是"洞府旧仍存别院,醉窝深凿伴云端""四山青翠俨城郭,身倚层云望八埏"[2]的景象。清代醴陵制瓷业的兴起大大改变了沩山的生态环境和文化面貌,醴陵地方志文献记载,广东兴宁人廖仲威来到沩山,发现此地瓷泥矿藏丰富,清雍正七年(1729 年),他向沩山寺僧人智慧租赁山林采泥,开创瓷厂,并约其

[1] 吴洲:《中晚唐禅宗地理考释》,宗教文化出版社,2012 年,第 246、247 页。
[2] (清)徐淦修、江普光纂:《醴陵县志》,清同治九年刊本。

同乡陶、马、曾、廖等姓十余人前来传授青花土瓷工艺，从而揭开了沩山大兴瓷业的序幕。沩山的窑厂越开越多，并向周围扩展，考古调查显示沩山的青花瓷窑众多，年代多可上溯至清代早中期，印证了文献记载的真实性。至此醴陵沩山开始大规模烧制青花土瓷，成为了醴陵瓷业的区域中心，且"渐次推广于赤竹岭、老鸦山、王仙观口、大小林桥、瓦子山、漆家坳、严家冲、五十窑前、寨下境、青泥湾、茶子山、唐山坳等处，最盛时为光绪十八九年"[1]。据民国《醴陵县志》记载："东堡乡小沩山，地产白泥，溪流迅激，两岸多水碓以捣泥粉，声音交接，日夜不停，故瓷厂寝盛，今上下皆陶户，五方杂处。"[2]清光绪末年至民国初年，醴陵土瓷制法先后传至衡阳、衡山、长沙[3]，沩山不仅是清代醴陵瓷业的中心，同时也是晚清民国时期湖南土瓷业的发源地。沩山瓷业的兴盛，带来了相关行业的发展，在这狭长的山间地带聚集了商铺、药店、戏台等，沩山寺与瓷业之间联系愈加紧密，醴陵文物部门采访沩山村民得知，沩山每次开新窑，窑厂老板都会设好神坛，请来沩山寺（又称古洞天）最有名的法师念经祈福，以保佑新窑烧瓷顺利。

不过，窑业生产虽带动了地方经济的发展，但对于周围生态环境的改变也是惊人的，沩山亦是如此，尤其是晚清至民国时期，沩山户户烧窑，周围的森林植被已完全不能满足需求，致使"烧瓷之松柴多来自他邑。"[4]清代陈遽园慕名来访沩山寺时，看到的是与明代完全不同的景象，"树杪窑烟市，溪头瓦砾横。洞天原古刹，可惜被陶倾"，沩山密集的窑业活动产生了大量堆积如山的废品，以至于连溪头和古洞天周围都堆满了烧窑产生的废品与窑具。

二　2015 年钟鼓塘窑址考古发掘收获

2010 年，为配合浏醴高速公路建设，湖南省文物考古研究所、株洲市文物局、醴陵市文物局联合对醴陵市枫林市乡唐家坳村的一座宋元时期青白瓷窑址进行了考古发掘。为了弄清沩山宋元窑址的年代及其与枫林市乡宋元窑址的关系，经国家文物局批准（项目批准号：考执字〔2015〕第 317 号），2015 年 11 月开始，湖南省文物考古研究所与醴陵窑管理所对沩山钟鼓塘窑址（Y15）进行主动性发掘，发掘面积 275 平方米（图 2～4）。

（一）地层堆积

所布的 11 个探方，堆积最深的是 TN06E02、TN06E03、TN07E02，其中以 TN06E03 保存的原生堆积最好，地层堆积可分为三层（图 5）。

[1]　（民国）陈鲲修、刘谦纂：《醴陵县志》，《湖湘文库》341 册，湖南人民出版社，2009 年。

[2]　（民国）陈鲲修、刘谦纂：《醴陵县志》，《湖湘文库》341 册，湖南人民出版社，2009 年。

[3]　（民国）朱羲农、朱保训纂修：《湖南实业志》，《湖湘文库》378、379 册，湖南人民出版社，2009 年，第 961 页。

[4]　（民国）陈鲲修、刘谦纂：《醴陵县志》，《湖湘文库》341 册，湖南人民出版社，2009 年。

图 2　沩山窑区航拍影像

图 3　钟鼓塘元代窑址 Y15 发掘区航拍照

图 4   钟鼓塘元代窑址发掘位置示意图

第①层：表土层，土色浅灰褐色间黑褐色，土质疏松，本层遍布树根、竹根，含土量约 8%，该层分布全方，厚 10～15 厘米，探方中部最厚，南部略薄。①层出土瓷片约 2000 余片，器形有碗、盏、碟、垫钵、火照等，以碗和盏为主，釉色有青白釉、青釉及少量酱釉和青花，器物以素面为主，少量外壁刻莲瓣纹。

第②层：黄褐色砂土层，土质结构疏松，厚 15～125 厘米，探方南部最厚，

图 5   TN06E03 西壁剖面

北部略薄，本层含有大量碎砖和碎石块，约占45%，含土量40%，②层除东北角外均有分布。出土瓷片约4000多片，可辨器形有青白瓷碗、盏、盘、碟、壶等，另有许多带"乙"字等符号的火照。护墙遗迹Q1即开口于该层下。

第③层：黄褐色砂土层，土质疏松，分布全方，厚25～105厘米，南部最厚，该层上部为黄褐色砂土，土质细腻，包含大量瓷片及废弃窑具。为保护Q1遗迹，③层及以下未发掘。

1.Y15

Y15开口于①层下，开口处距地表深20～50厘米，Y15为长斜坡龙窑，窑头及窑床中部因近现代取土破坏而不存，仅存后段，方向55°，东壁残长7.3、西壁残长4.85、宽1.65米，窑床后段凿于自然山体之上，窑壁利用砖块与不规则的岩石砌筑而成，窑底用粉砂土铺就（图6）。

Y15的窑内填土可分为五层（图7）：

第①层：灰褐色土层，砂石土质，厚18厘米。填土中夹有红烧土块、垫钵、青白瓷片。

第②层：黄褐色，细沙土，厚8～12厘米。填土中少见包含物。

第③层：粉黄色沙土质，结构疏松，厚8厘米。无包含物。

第④层：红褐色土，砂石土质，厚18～20厘米。未见包含物。

第⑤层：黄褐色土，砂石土质，厚16厘米，结构较致密。无包含物。

图6　Y15全景

图7　Y15窑内堆积

⑤层下为基岩。

2.Q1

位于TN06E03西侧，开口于②层下，呈东西走向，大体与窑炉垂直，以碎窑砖垒砌，揭露长约2.3、宽约0.16米，窑墙北侧有许多杂乱的窑砖堆砌在一起，此部位的窑床已不存，无法判断这段遗迹的具体用途，推测是护窑墙或者窑门一侧的护墙。

（二）出土遗物

虽然窑炉前部被破坏，但从瓷片堆积中还是清理出了大量的遗物。分为瓷器、窑具两类。瓷器种类有碗、盘、碟、盏、高足杯、执壶等，以碗为大宗，其次是盏、高足杯、折沿盘，执壶、钵等较为少见。釉色以青白釉居多，青釉次之，另有一定数量的酱釉和少量双色釉。

Y15所出瓷器的胎体洁白细腻，灯盏、盏、高足杯、碟等小型的器物很少有生烧现象，而产品数量最多的碗等器物的底足多有生烧现象，这可能跟器物所处的窑位有很大的关系。醴陵的瓷土矿藏主要有沩山和王仙两处，又以沩山质量最优，沩山梯山坡所产瓷泥"极为纯净，石英颗粒几至绝迹，经冲洗后，当作釉用"[1]，从我们对沩山窑址群瓷土资源的调查情况来看，每一处青花窑址附近都有专门的

---

[1]　（民国）陈鲲修、刘谦纂：《醴陵县志》，《湖湘文库》341册，湖南人民出版社，2009年。

瓷泥矿洞，沩山拥有可就近开采的优质瓷土矿藏，这是醴陵宋元瓷器胎体洁白细腻的主要原因。

釉色方面，Y15 的产品釉色以青白釉为主，青白釉均施单层釉，釉层薄而均匀，釉色莹润光亮，少有开片，积釉现象不明显。青釉产品多施两层釉，一般底层釉呈青白色，上层釉呈青色，部分青瓷积釉处釉层变厚，釉色多呈深青色。醴陵窑的窑工利用多次施釉增加釉层厚度来达到青釉的效果（图 8、9）。双色釉数量不多，一般是器物内壁施青白釉，外壁施酱釉，双色釉交汇处呈现出类似于兔毫状的熔融效果。芒口青白瓷或双釉瓷均满釉，仅口沿刮釉。釉的流动与粘连是器物粘接在一起的主要原因，芒口瓷器因器物与器物并不直接接触，器物口沿与接触的支圈均无釉，因此几乎很少见到粘接在一起的芒口瓷器。涩圈器物则有所不同，器物与器物之间直接叠压，虽然通过涩圈和露胎的办法防止粘连，由于没有掌握好釉料的配方，青瓷产品多有流釉，这导致粘连器物增多。

纹饰方面，芒口青白瓷均素面无纹饰。涩圈青白瓷和青瓷产品中有纹饰的比例也不高，纹样流行莲瓣纹和花叶纹，花叶纹多刻划于器物内壁（图 10）。

窑具分为垫隔具、测温具和装烧具几类。垫隔具较为简单，主要是垫钵、垫圈、垫饼，大小各异，根据垫烧的器物尺寸而定。测温具为火照，均呈上宽下窄的梯形，从碗、碟、盘等器物上切割而成，两侧及底部内侧均有由内向外的切割痕。火照上端由内向外旋削形成用于勾取火照的圆孔，部分火照刻有"乙"字及其他符号，应是区分不同窑位的标记。值得一提的是发掘中发现了几件制作火照的坯底，多为碗底，内腹可见切割火照留下的刻槽痕十四五个，长短深浅宽窄不一。

装烧方式分为支圈覆烧和涩圈仰烧两类，后者占主导地位。芒口器胎体轻薄，口沿刮釉，置于支圈组合覆烧窑具内叠烧。这类窑具不仅有量产的功效，同时也相当于一个匣钵，可以起到遮挡窑灰的作用，使产品的釉色均匀且少杂质。涩圈叠烧的产品，一般放置在垫饼或垫柱上，以同类型产品叠烧为主。也有几类器物的装烧方式较为特殊。采集的一件叠烧标本 TN06E02 ② ：103，高足杯置于一涩

图 8　青瓷敞口碗（TN06E03 ② ：6）　　　图 9　青瓷碗（TN07E04 ② ：118）

圈敞口碗内，高足杯内底满釉，且多有落渣，应当是器物柱的最顶端，因此器物内底经常有或多或少的落渣，废品率很高（图11）。灯盏则是采用对口扣烧的方式。只有极少数的产品采用漏斗状匣钵装烧。在一件漏斗状匣钵的内壁可以看到青白瓷的口沿粘结痕，据此可以推断漏斗状匣钵是少量口径较小的盏、杯的装烧具，

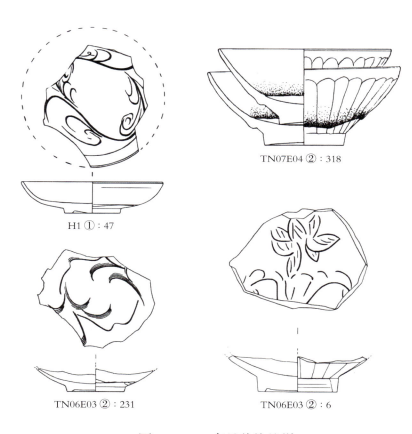

TN07E04 ② : 318

H1 ① : 47

TN06E03 ② : 231

TN06E03 ② : 6

图10　Y15产品装饰纹样

图11　叠烧标本（TN06E02 ② : 103）

器物之间涩圈叠烧。出土的几件瓷质筒瓦釉色莹润、胎体坚硬，可能是置于匣钵之内装烧的。

南宋晚期醴陵窑以长斜坡龙窑烧制青白瓷，大量使用支圈覆烧法来装烧坯件，故器物多芒口。入元以后，醴陵窑开始仿烧龙泉窑青瓷，仍沿用南宋时期的长斜坡龙窑，窑具非常简单，仅有置于窑床底部的垫钵、垫柱和垫圈、垫饼等少量间隔具或支烧具，器物内底涩圈或露胎，以细砂垫隔，然后叠摞数层，形成器物柱。

（三）年代及历史背景

从益阳羊舞岭青白瓷窑的发掘来看，南宋晚期至元代早期是芒口青白瓷最为兴盛的阶段，元代中晚期羊舞岭窑大量仿烧龙泉窑青瓷，出现折沿碟、折沿盘等器物[1]。醴陵窑青白瓷的发展脉络与其相似，从出土瓷器种类来看，Y15仍有一定数量的芒口青白瓷，大多数器物采用涩圈叠烧，且折沿碟、折沿盘、莲瓣纹盏等仿龙泉窑的器形尤为多见，不见羊舞岭窑南宋晚期流行的芒口印花盘、深腹印花碗等器形，Y15的器物、窑具组合及装烧方式均与羊舞岭窑元代中晚期窑址Y51[2]大体相同。2015年发掘的宁乡冲天湾遗址[3]也可以佐证钟鼓塘窑址的年代，这处遗址的窖藏中发现了龙泉窑元代早期折沿盘、湖南南宋晚期至元代早期芒口青白瓷，但不见一件仿龙泉窑产品，发掘者推断窖藏及遗址的年代为南宋晚期至元代早期，钟鼓塘元代窑址的年代要相对晚于宁乡冲天湾遗址及窖藏。

另外，从窑业聚落发展的角度来看，醴陵窑宋元时期的窑址主要集中在醴陵西北的枫林市乡，其年代为南宋晚期至元代，既有宋元之际的芒口青白瓷，也有元代的仿龙泉青瓷，延续时间相对较长[4]。而Y15产品以仿龙泉青瓷或青白瓷为主，芒口器少见，沩山另外两处宋元窑址亦是如此，因此沩山这三处宋元窑址应是枫林市乡青白瓷窑业向东南扩展的结果，三处窑址的始烧年代应略晚于枫林市乡。综合以上几个方面，钟鼓塘元代窑址的年代应当在元代中后期。

南宋中后期，景德镇地区因上层瓷石原料枯竭等原因[5]，导致大批窑场纷纷停烧，以往在景德镇从事制瓷的部分窑业工匠外迁另谋出路，湘江流域自此开始有青白瓷的生产。2013年对益阳羊舞岭窑的发掘，揭示出了羊舞岭窑与景德镇窑在技术上的密切联系，其产品组合、装烧方式、制瓷工具等与景德镇等江西青白瓷

[1]　湖南省文物考古研究所、益阳市文物管理处：《湖南益阳羊舞岭瓦渣仑窑址Ⅱ区发掘简报》，《湖南考古辑刊（第11集）》，科学出版社，2015年。

[2]　杨宁波：《益阳羊舞岭窑的窑业技术来源和发展阶段初探——兼论景德镇窑、龙泉窑的兴衰对羊舞岭窑的影响》，郭伟民主编：《湖南省文物考古研究所建所三十周年纪念文集》，科学出版社，2016年。

[3]　湖南省文物考古研究所：《湖南宁乡冲天湾遗址H29瓷器窖藏坑发掘简报》，《文博》2016年第6期。

[4]　湖南省文物考古研究所、株洲市文物局、醴陵市文物局：《湖南醴陵唐家坳宋元窑址》，《2010中国重要考古发现》，文物出版社，2010年。

[5]　刘新园、白焜：《高岭土史考——兼论瓷石、高岭与景德镇十至十九世纪的制瓷业》，《中国陶瓷》1982年增刊。

窑如出一辙，尤其是在元代地层发现的刻有"饶州"的支圈覆烧组合窑具，充分说明羊舞岭窑青白瓷的生产源自景德镇窑工的迁移[1]。醴陵窑青白瓷的生产年代与羊舞岭窑相同，其兴烧的历史背景也应与江西窑工迁移有关，因此从技术渊源来说，醴陵窑的青白瓷技术源自景德镇窑等江西青白瓷窑场。Y15 出土的青瓷产品不同程度模仿龙泉窑青瓷，这与元代龙泉窑的风靡有很大关系。

三　出土瓷器的成分分析

从外观上看，醴陵窑的青白瓷和青瓷在器形、纹饰等方面几乎重合，部分釉色也非常接近，这给我们按釉色分类造成了困难，为了弄清两类器物之间的区别和联系，进而了解元代醴陵窑釉料配方及其变化情况，我们选取了 35 份青白瓷和青瓷样品进行成分检测和分析。采用 X 射线荧光光谱仪（XRF）测定了样品的化学元素组成，仪器型号为牛津 X-MET7500 手持式 X 射线荧光光谱仪，测试模式 Mining_LE_FP，测试时间 60s，每个样品测量 3 ～ 4 个位置，结果取平均值。所取 35 份样品的 XRF 测量结果如表 1 所示，其中青瓷样品 20 件，青白瓷样品 15 件（图 12）。

表 1　瓷釉化学成分　　　　（单位：质量百分数 wt%）

样品编号	出土编号	釉色	Al	Si	P	K	Ca	Ti	Mn	Fe
1	TN06E03 ② ：429	青瓷	7.37	28.34	0.26	2.32	9.53	0.11	0.18	3.02
2	TN07E04 ②	青瓷	6.79	30.39	0.19	2.61	6.97	0.14	0.20	2.95
3	TN07E04 ②	青瓷	6.69	27.42	0.41	2.06	10.73	0.17	0.51	3.84
4	TN07E04 ②	青瓷	7.60	28.29	0.34	2.31	9.67	0.15	0.30	2.39
5	TN07E04 ②	青瓷	6.86	29.18	0.33	2.52	8.44	0.17	0.34	3.17
6	TN06E03 ②	青瓷	7.04	28.22	0.32	2.11	10.61	0.11	0.24	2.69
7	TN06E03 ①	青瓷	6.41	29.60	0.21	2.49	10.43	0.12	0.13	1.42
8	TN06E03 ②	青瓷	6.55	30.14	0.22	2.70	9.04	0.10	0.12	1.64
9	TN06E03 ②	青瓷	6.59	26.41	0.50	1.94	12.79	0.21	0.37	3.72
10	TN07E04 ②	青瓷	6.90	29.05	0.25	2.15	9.88	0.09	0.18	2.45
11	TN07E04 ②	青瓷	6.66	26.85	0.46	2.17	11.37	0.16	0.54	4.03
12	TN07E04 ②	青瓷	6.11	28.44	0.35	2.35	11.01	0.14	0.36	2.83
13	TN07E04 ②	青瓷	6.45	29.20	0.28	2.48	9.08	0.13	0.29	3.21

---

[1]　杨宁波：《从益阳羊舞岭窑的发掘看景德镇窑业工匠入湘及其影响》，江西省文物考古研究所、乐平市博物馆编著《景德镇南窑考古发现与研究——2014 年南窑考古发现与研究》，科学出版社，2015 年。

样品编号	出土编号	釉色	Al	Si	P	K	Ca	Ti	Mn	Fe
14	TN07E04 ②	青瓷	7.00	29.29	0.24	2.23	8.53	0.13	0.28	3.04
15	TN07E04 ②	青瓷	7.02	28.57	0.27	2.16	10.71	0.12	0.21	2.02
16	TN07E04 ②	青瓷	6.88	29.53	0.21	2.37	8.37	0.14	0.27	2.86
17	TN07E04 ②	青瓷	7.03	29.47	0.35	2.55	9.23	0.08	0.17	1.70
18	TN07E04 ②	青瓷	7.57	29.54	0.17	2.09	8.15	0.07	0.17	2.55
19	TN07E04 ②	青瓷	6.66	29.37	0.23	2.31	8.43	0.14	0.39	3.30
20	TN07E04 ②	青瓷	7.17	29.60	0.20	2.41	7.78	0.15	0.31	2.85
21	TN06E03 ①：210	青白瓷	6.88	30.14	0.14	3.04	8.51	0.09	0.10	1.40
22	TN07E02 ②：274	青白瓷	8.07	28.12	0.15	3.81	9.22	0.06	0.09	1.55
23	TN06E03 ①	青白瓷	7.12	28.82	0.24	2.90	9.79	0.10	0.13	1.95
24	TN06E02 ②：173	青白瓷	7.21	28.26	0.17	2.38	10.31	0.09	0.18	2.67
25	TN06E02 ①	青白瓷	6.62	30.77	0.18	3.04	8.14	0.06	0.29	0.98
26	TN06E03 ①：89	青白瓷	7.15	31.18	0.11	2.80	6.48	0.05	0.12	1.75
27	H1 ②：68	青白瓷	6.90	28.58	0.17	2.56	11.17	0.05	0.09	1.51
28	TN02 ②：136	青白瓷	7.60	27.70	0.22	3.53	10.95	0.05	0.09	1.21
29	TN07E02 ②：221	青白瓷	7.57	28.64	0.18	2.18	10.31	0.08	0.14	1.67
30	E04 ①：117	青白瓷	7.41	29.37	0.16	3.36	8.38	0.05	0.13	1.81
31	TN06E03 ①：250	青白瓷	7.66	27.95	0.18	2.50	10.94	0.06	0.13	1.77
32	TN07E04 ②	青白瓷	7.73	29.91	0.14	2.56	7.75	0.06	0.15	1.83
33	TN07E04 ②	青白瓷	6.66	31.81	0.15	2.71	6.70	0.05	0.16	1.21
34	TN07E04 ②	青白瓷	8.20	29.24	0.13	2.72	7.33	0.07	0.15	2.51
35	TN07E04 ②	青白瓷	7.31	28.74	0.24	2.51	9.60	0.07	0.22	2.27

实验主要测定了瓷釉中 Al、Si、Ca、P、K、Ti、Mn、Fe 等八种元素的含量，其中 CaO、K_2O 是瓷釉中的主要助熔剂，P_2O_5 主要来源于釉料中掺入的草木灰。瓷釉中 Ca 含量大多在 8 wt.% 以上，表明醴陵窑瓷釉是以 CaO 为主要助熔剂的钙釉。

为了解醴陵窑青白瓷和青瓷的化学组成是否发生过明显变化，采用 SPSS 统计软件对本实验测试的 35 个样品的化学组成进行了主成分分析，提取两个主因子 Factor1 和 Factor2，分析结果如图 13 所示。从图中可见醴陵窑青瓷和青白瓷的数

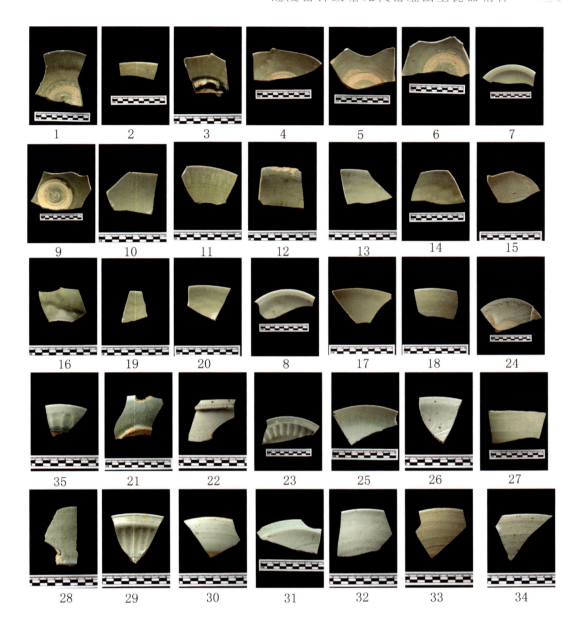

图 12　青瓷及青白瓷样品照片

据点基本分布在两个不同的区域，表明这两种瓷釉的化学组成有明显区别。不过，青瓷 8、17、18 号样品和青白瓷 24、35 号样品分布在了交叉区域，从釉色来看，这几个样品确实介于青瓷和青白瓷之间。

　　为进一步揭示青瓷与青白瓷的化学组成特征及其变化过程，根据表 1 所测 XRF 结果分别计算了青瓷与青白瓷样品中各元素含量的平均值和标准偏差，所得结果如表 2 所示。从表 2 数据可知，青瓷与青白瓷中 Al、Si、K、Ca 等多数元素的平均含量变化不大，但青瓷中 Fe、Mn、Ti 三种元素的均值明显高于青白瓷，青瓷中 Fe、Mn、Ti 的平均含量分别为 2.78 wt.%，0.28 wt.%，0.13 wt.%，青白瓷中 Fe、Mn、Ti 的平均含量分别为 1.74 wt.%，0.14 wt.%，0.07 wt.%，青瓷中 Fe、

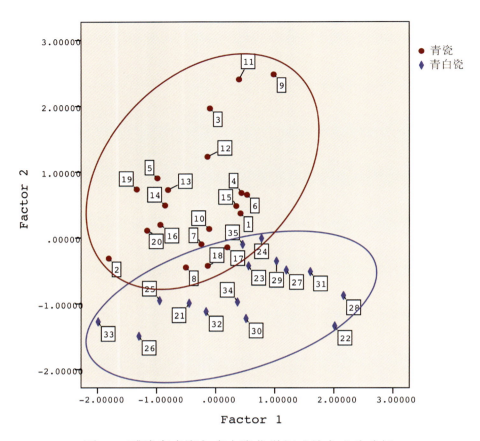

图 13　醴陵窑青瓷与青白瓷化学组成的主成分分析

Mn、Ti 的平均含量明显高于青白瓷。

表 2　青瓷和青白瓷主要元素含量的平均值及标准偏差值

	Al	Si	P	K	Ca	Ti	Mn	Fe
青瓷平均值	6.87	28.85	0.29	2.32	9.54	0.13	0.28	2.78
青瓷标准偏差	0.38	1.04	0.09	0.20	1.41	0.03	0.12	0.71
青白瓷平均值	7.34	29.28	0.17	2.84	9.04	0.07	0.14	1.74
青白瓷标准偏差	0.47	1.24	0.04	0.45	1.56	0.02	0.05	0.47

　　箱式图更加直观的揭示出了两类样品不同元素的分布区间和差异（图 14～20）。Fe_2O_3、MnO 和 TiO_2 是瓷釉中的着色剂，青瓷和青白瓷的釉色变化主要取决于釉料中着色剂含量的高低，尤其是 Fe 的微量变化对于釉色的改变起着很关键的作用，在同样的还原气氛下，不同 Fe 含量可以得到不同的胎色和釉色。醴陵窑中青瓷的釉色明显偏青，青白瓷的釉色偏黄白。青瓷样品的 Fe 在 1.42 wt.％～4.03 wt.％，青白瓷样品的 Fe 含量在 0.98 wt.％～2.67 wt.％，两类样品 Fe 含量的箱式图区别更为明显，青瓷 Fe 含量

明显高于青白瓷样品，显然是有意添加从而形成青釉（图 16）。青瓷样品的 Ti、Mn、P 含量分别为 0.07 wt.%～0.21 wt.%，0.12 wt.%～0.54 wt.%，0.17 wt.%～0.50 wt.%，青白瓷样品的 Ti、Mn、P 含量分别为 0.05 wt.%～0.10 wt.%，0.09 wt.%～0.29 wt.%，0.11 wt.%～0.24 wt.%。从箱式图能清晰的看出青瓷和青白瓷样品中 Ti、Mn、P 含量的明显差异（图 17～19），这应当是窑工有意识改变釉料配方，调整釉料中着色氧化物的含量，进而带来瓷器釉色的变化。

氧化钾能够增加黏度，使釉层在高温中具有良好的稳定性，Y15 出土的青白瓷釉层均匀，少有流釉，而青瓷釉层流动性大，多有积釉，也往往导致叠烧的器物因釉层流动粘连，青瓷样品的 K 含量在 1.94 wt.%～2.7 wt.%，青白瓷样品的 K 含量在 2.18 wt.%～3.81 wt.%，从箱式图中（图 20）可以看出青瓷中 K 含量明显低于青白瓷，青瓷流釉现象的形成可能与釉料中 K 含量的降低有关。

结合成分分析结果，我们可以更为准确的理解钟鼓塘元代窑址的技术体系，这需要从不同的层面来看。从窑业技术层面来看，钟鼓塘元代窑址仍延续了源于

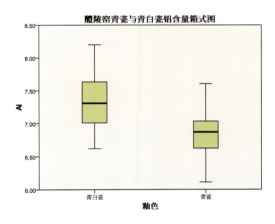

图 14　样品 Al 含量箱式图

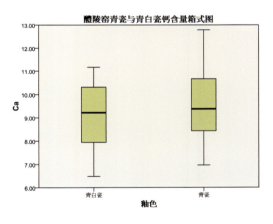

图 15　样品 Ca 含量箱式图

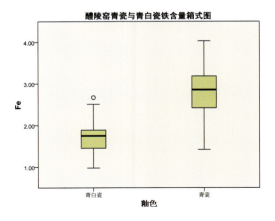

图 16　样品 Fe 含量箱式图

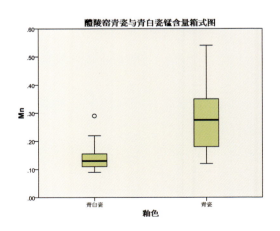

图 17　样品 Mn 含量箱式图

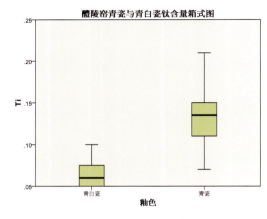

图 18　样品 Ti 含量箱式图

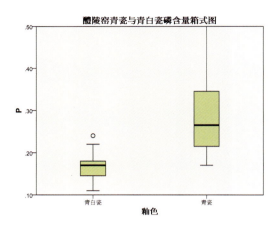

图 19　样品 P 含量箱式图

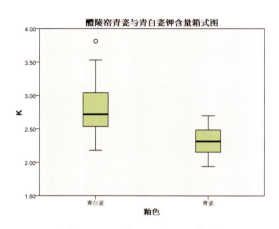

图 20　样品 K 含量箱式图

江西景德镇的青白瓷窑业技术，比如使用斜坡龙窑，从支圈覆烧向涩圈叠烧过渡等等。从产品形制、釉色层面来看，钟鼓塘元代窑址产品造型模仿龙泉窑，釉色从青白瓷向青瓷转变，釉层从单次施釉到出现两次施釉。成分分析的数据也显示出青瓷的釉料配方与青白瓷有很大不同，这说明钟鼓塘元代窑址在仿烧龙泉窑青瓷的过程中经过了多次试验和尝试，但使用的窑炉、窑具技术仍然是景德镇青白瓷系统，钟鼓塘元代窑址对龙泉窑的模仿是单向的、浅层次的。这座窑址的发掘揭示出醴陵窑从青白瓷向仿龙泉青瓷转变的过程和细节，为研究龙泉窑对湖南窑业技术影响的深度和广度提供了材料。

一 青白瓷
Qingbai wares

 1. 青白瓷莲瓣纹大碗（TN06E03 ②：856）

Qingbai bowl with lotus design

口径 18.0、底径 6.6、高 6.4 厘米

敞口，圆唇，斜弧腹，圈足，内底刮涩圈，有叠烧痕。外壁口沿下有弦纹一道，其下刻莲瓣纹一周。胎色偏白，胎体坚致。青白釉，外施釉近圈足，釉层均匀，莹润明亮，玻璃质感强，外壁局部有积釉。

 2. 青白瓷莲瓣纹大碗（TN06E03 ② ：621）

Qingbai bowl with lotus design

口径 18.8、底径 6.8、高 7.4 厘米

敞口，方唇，深弧腹，圈足，外足墙斜直，内墙斜削，挖足浅，足心略突起，内底刮涩圈。青白釉，外施釉近足根，釉层均匀，釉色莹润有光泽，从外壁近底处可以看出施两层釉。

3. 青白瓷莲瓣纹大碗 (TN06E02 ② : 92)

Qingbai bowl with lotus design

口径 18.6、底径 6.6、高 6.2 厘米

敞口，尖圆唇，斜弧腹，矮圈足。内底刮涩圈，涩圈
处可见叠烧痕，内壁有一处褐色铁斑。外壁口沿下有
弦纹一道，其下刻莲瓣纹一周，莲瓣顶部平弧。白胎，
胎质细腻坚致。青白釉，局部泛灰，内底涩圈规整，
外施釉近圈足，釉层光洁莹润，玻璃质感强。

 4. 青白瓷莲瓣纹大碗（H3 ①：128）

Qingbai bowl with lotus design

口径 17.8、底径 6.0、高 7.4 厘米

微敛口，圆唇，弧腹，圈足。外腹刻双层莲瓣纹一周。灰白胎，胎质细腻，略含砂，胎体坚硬。青白釉，内满釉，外施釉不及足部。

5. 青白瓷莲瓣纹大碗 (TN06E03 ② : 563)

Qingbai bowl with lotus design

底径 6.8、高 7.2 厘米

敞口，尖圆唇，深弧腹，圈足，外足墙近直，内墙浅削，挖足较浅。内底圆形露胎，有圆形叠烧痕迹和线状刻划痕迹。外壁刻细莲瓣纹一周。灰白胎，胎质细腻，胎体坚硬。青白釉，外施釉近足根，釉层薄而均匀，釉色莹润有光泽，玻璃质感强，近底部略有青绿色积釉。

6. 青白瓷莲瓣纹大碗（TN06E03 ② ：617）

Qingbai bowl with lotus design

口径 20.0、底径 6.8、高 7.6 厘米

敞口，圆唇，深弧腹，圈足，外足墙斜直，内墙
斜削，挖足浅，足心略有突起，内底刮涩圈。外
壁刻莲瓣纹一周。灰白胎，胎质细腻，胎体坚硬。
青白釉，外施釉不及底，釉色莹润有光泽，玻璃
质感强，近底处略有流釉与积釉，无开片。

7. 青白瓷刻划花侈口大碗（TN07E02 ② ：36）

Qingbai bowl with carved, incised decoration

口径 20.8、底径 7.6、高 6.2 厘米

侈口，方唇，弧腹，圈足，内底刮涩圈。内壁有
划花。灰白胎，胎质细腻，胎体坚硬。青白釉偏灰，
两次施釉，釉薄均匀，釉色明亮，玻璃质感强。
外施釉不及底。外壁有明显的修坯痕迹。

8. 青白瓷刻划花侈口大碗（TN07E02②：37）

Qingbai bowl with carved, incised decoration

口径 20.4、底径 6.4、高 6.6 厘米

侈口，圆唇，弧腹，圈足，内底刮涩圈。内壁刻
划花。灰白胎，胎质细腻。青白釉，外施釉不及底，
两次施釉，釉层均匀，局部有积釉，有开片。

 9. 青白瓷刻划花侈口大碗（TN08E04 ① : 35）

Qingbai bowl with carved, incised decoration

口径 17.0、残高 5.8 厘米

侈口，方唇，弧腹，内底刮涩圈。内壁简单刻划莲花与鸟纹。青灰胎，胎质细腻，胎体坚硬，局部有细小开裂。青白釉偏灰，外施釉不及底，釉层薄而均匀，玻璃质感强，透明度高。外壁有明显的修坯和跳刀痕，口沿下粘连另一件器物的口沿残片，卷沿，方唇，可能为同类器形。

10. 青白瓷刻划花侈口大碗（TN07E02 ② : 30）

Qingbai bowl with carved, incised decoration

口径 21.8、底径 7.7、高 6.5 厘米

侈口，方唇，弧腹，圈足，足墙宽厚，外墙近直，内墙旋削不规整，内底刮涩圈，有叠烧痕。内壁有刻划花。胎质细腻。青白釉偏灰，外施釉不及底，釉层薄而均匀，露胎和施釉部分呈现出两种胎色，釉层下胎体呈青灰色，露胎部分胎体呈黄褐色。

11. 青白瓷刻划花侈口大碗（TN07E02 ②：151）

Qingbai bowl with carved, incised decoration

口径 21.2、底径 6.9、高 7.6 厘米

侈口，方唇，弧腹，圈足，外足墙近直，内足墙斜削，内底刮涩圈，有叠烧痕。内壁有简单刻划花。胎质细腻。胎体呈两种颜色，釉层下呈青白色，露胎部分呈黄褐色。外施釉不及底，釉层薄而均匀。

12. 青白瓷敞口大碗（H3 ①：266）

Qingbai bowl

口径 23.2、底径 9.6、高 8.3 厘米

敞口，尖圆唇，斜弧腹，圈足，外足墙近直，内足墙斜削。灰白胎，胎质细腻，胎体坚硬，底部因生烧胎色偏黄。青白釉，内底刮釉，圆形露胎，外施釉不及底，有线状开片，釉层均匀，釉色明亮。

 13. 青白瓷敞口大碗（TN07E04②：76）

Qingbai bowl

口径 24.0 ～ 26.0、底径 8.8、高 8.6 厘米

敞口，圆唇，弧腹，圈足，足墙宽厚，外足墙近直，内足墙斜削，挖足浅，内底刮涩圈。青白釉偏灰，外施釉近足部，釉层薄，玻璃质感强，有开片，釉面有落渣，胎体表面多有开裂。略变形。

14. 青白瓷敞口大碗（TN07E02 ② ： 124）

Qingbai bowl

口径 17.5、底径 6.7、高 6.0 厘米

敞口，圆唇，弧腹，圈足，外足墙近直，内墙斜削不规整，挖足浅，内底刮涩圈。灰白胎，胎质细腻，胎体坚硬。青白釉偏灰，外施釉不及底，釉层薄，有开片，玻璃质感强。底足外缘粘有釉斑。

15. 青白瓷敞口大碗（TN06E02 ② ： 5）

Qingbai bowl

口径 17.0、底径 6.5、高 6.1 厘米

敞口，尖圆唇，弧腹，圈足，外足墙近直，挖足极浅，内底有圆形叠烧痕迹，外壁可见跳刀痕。灰白胎，胎质细腻，胎体坚硬，内、外底呈椭圆形露胎。青白釉，釉层薄而均匀，无流釉与积釉，无开片。外壁口沿下粘连另一件器物口沿，胎釉及口沿特征与其相同。

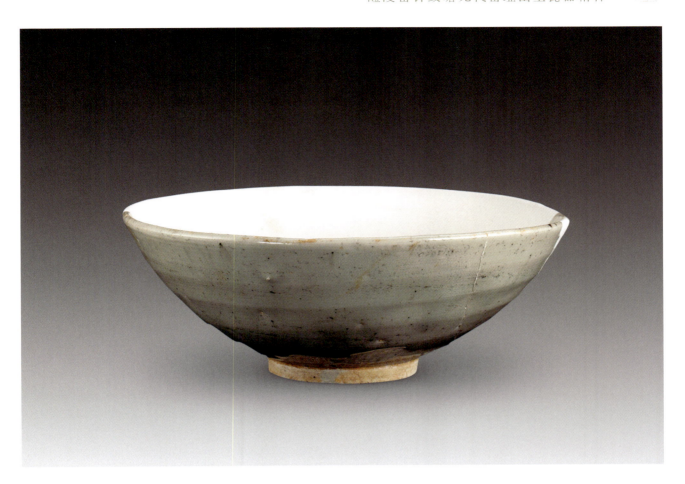

 16. 青白瓷敞口大碗（TN07E03 ② ：40）

Qingbai bowl

口径 17.4、底径 5.8、高 6.5 厘米

敞口，圆唇，弧腹，圈足。外腹部可见旋削痕。
胎质细腻。青白釉，内满釉，外施釉不及底，
釉色均匀。

17. 青白瓷敞口大碗（TN08E04 ② ：3 ）

Qingbai bowl

口径 17.0、底径 6.9、通高 6.8 厘米

两件叠烧，敞口，圆唇，弧腹，宽圈足，外墙斜直，
内墙浅削，挖足极浅，内外底呈椭圆形露胎，内底
有圆形叠烧痕迹。灰白胎，胎质细腻，胎体坚硬。
青白釉略偏黄，釉层薄而均匀，釉面多有杂点。

 18. 青白瓷敞口大碗（TN06E02 ② ：72）

Qingbai bowl

口径 16.6、底径 6.3、高 6.2 厘米

敞口，尖圆唇，斜弧腹，圈足，足心外凸平削，圈足内侧斜削，内底刮涩圈，外壁露胎处见跳刀痕。胎色白，胎质坚硬。青白釉，外施釉不及底，釉层厚而均匀。

19. 青白瓷敞口大碗（TN07E03 ② ：154）

Qingbai bowl

口径 17.4、底径 6.6、高 6.7 厘米

敞口，圆唇，弧腹，圈足，内底刮涩圈。灰白胎，胎质细腻。青白釉，外施釉不及底，釉层均匀。

 20. 青白瓷敛口大碗（TN07E02 ② ：15）

Qingbai bowl

口径 17.0、底径 6.9、高 5.6 厘米

微敛口，圆唇，弧腹，圈足，内腹弧底。灰白胎，含少量细砂。青白釉，内外底均近圆形露胎，釉色泛黄。

 21. 青白瓷敛口大碗（TN06E03 ② ：396）

Qingbai bowl

口径 16.4、底径 5.6、高 8.3 厘米

微敛口，圆唇，深弧腹，圈足略残，外墙近直，内墙斜削。青灰胎偏黄，胎质细腻，略生烧。青白釉偏黄，内底满釉，外施釉至足根，釉层薄而均匀，有开片。内底有落渣，外壁局部有缩釉。

 22. 青白瓷芒口大碗（H3 ① ：102）

Qingbai bowl with unglazed mouth rim

口径 19.3、底径 6.1、高 8.6 厘米

两件粘连在一起，胎釉特征相同，灰白胎，胎质
坚硬。上面一件仅存器底，斜弧腹，内满釉。下
面一件为芒口，侈口，方唇，深弧腹，圈足，足
心略外凸。青白釉，内外满釉，足端刮釉。

23. 青白瓷芒口大碗（TN06E03 ② ：801）

Qingbai bowl with unglazed mouth rim

口径 17.0、底径 4.8、高 6.4 厘米

敞口，圆唇，斜弧腹，圈足。灰白胎，胎质细腻，
胎体轻薄。青白釉，内满釉，外施釉至圈足，
足端裹釉，外底露胎，口沿内外均整齐刮釉一
周，内部釉层偏灰白，有积釉。

24. 青白瓷大碗（H3 ①：88）

Qingbai bowl

底径 6.4、残高 5.8 厘米

口残，斜弧腹，小圈足，外墙近直，内墙斜削，足墙宽厚，内底刮涩圈，涩圈部位有垫烧痕迹。外壁近底足处有一周跳刀痕。灰白胎，胎体厚而坚实，胎质细腻。青白釉，局部有缩釉，釉色明亮有光泽。

 25. 青白瓷莲瓣纹碗（TN06E03 ② ∶ 231 ）

Qingbai bowl with lotus design

底径 7.2、残高 3.4 厘米

仅存器底，斜弧腹，圈足，足心微凸。内底刻
划花，外壁刻莲瓣纹一周。因火候不够胎色偏
黄，胎体厚重。青白釉，内满釉，外施釉至圈足，
细碎开片，外壁局部积釉。

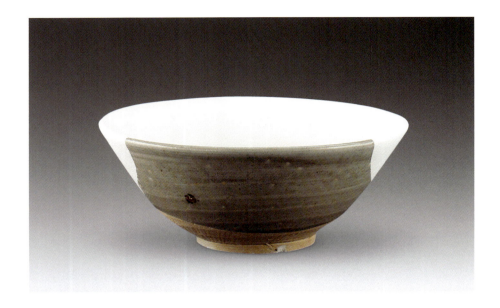

 26. 青白瓷侈口碗（TN07E03 ② ：48）

Qingbai bowl

口径 16.0、底径 6.2、高 6.4 厘米

侈口，深腹，矮圈足，外壁见修胎留下的旋削痕，露胎处见跳刀痕。灰白胎，胎质坚硬，胎壁略厚。青白釉，内底露胎近圆形，外施釉不及底，釉层薄而均匀。

27. 青白瓷侈口碗（TN07E03 ① ：22）

Qingbai bowl

口径 15.6、底径 7.2、高 6.0 厘米

侈口，圆唇，斜弧腹，矮圈足，内底涩圈有叠烧痕，外壁近底处见跳刀痕。灰白胎，含杂质略多。青白釉，内底露胎不规则，外施釉不及底，釉层薄而均匀。

28. 青白瓷侈口碗（TN08E04 ①：38）

Qingbai bowl

口径 15.3、底径 7.0、高 5.8 厘米

侈口，圆唇，深弧腹，圈足，外墙近直，挖足极浅，内底椭圆形露胎，有圆形叠烧痕迹，外壁有明显的旋削痕和跳刀痕。灰白胎，胎质细腻，胎体坚硬。青白釉，外施釉不及底，釉层薄而均匀，无开片。

29. 青白瓷侈口碗（TN06E02 ②：645）

Qingbai bowl

口径 14.2、底径 6.1、高 6.3 厘米

侈口，圆唇，深弧腹，圈足，内底刮涩圈，外壁有明显的旋削痕和跳刀痕。白胎，胎质细腻，胎体坚硬。青白釉，外施釉不及底，釉面光洁，玻璃质感强。

 30. 青白瓷敞口碗（TN07E04 ②：279）

Qingbai bowl

口径 15.6、底径 6.4、高 5.5 厘米

敞口，方唇，斜弧腹，矮圈足，外足墙近直，内底刮涩圈，涩圈区域有较多落渣和间隔的窑砂。灰白胎，胎质坚硬。青白釉，外壁施釉不及底，釉层薄，无开片。

31. 青白瓷敞口碗（TN06E03 ② ：224）

Qingbai bowl

口径 22.4、底径 6.7、高 6.3 厘米

敞口，圆唇，弧腹，圈足，外足墙近直，挖足极浅，足心近平，内底刮涩圈，有叠烧痕，外壁近底足处有明显的跳刀痕，外底椭圆形露胎。灰白胎，胎质细腻，胎体坚硬。青白釉，釉层薄而均匀，玻璃质感强，多有开片，无流釉。

32. 青白瓷敞口碗（TN06E02②：3）

Qingbai bowl

口径 16.8、底径 7.5、高 5.5 厘米

敞口，尖圆唇，弧腹，圈足，外足墙近直，挖足极浅，内底有圆形叠烧痕迹，底足开裂。胎质细腻，中下部胎色因生烧而呈黄褐色，仅口沿处略呈青灰色。青白釉，内外底呈椭圆形露胎，因生烧釉色呈色不均，局部呈青白色，下半部呈白色。

33. 青白瓷敞口碗（TN07E04 ②：15）

Qingbai bowl

口径 16.4、底径 6.4、高 5.6 厘米

敞口，尖圆唇，斜弧腹，矮圈足，内底刮涩圈，胎壁可见旋削痕和跳刀痕。青灰胎，胎体坚硬。青白釉略偏青，外施釉不及底，釉层较薄，玻璃质感强，细碎开片。

34. 青白瓷敞口碗（TN06E03 ① ：12）

Qingbai bowl

口径 16.3、底径 6.2、高 5.9 厘米

敞口，圆唇，弧腹，圈足，外墙近直，挖足极浅，内外底椭圆形露胎，
内底有圆形叠烧痕迹，外壁露胎处见明显的跳刀痕。灰白胎，胎质细腻，
胎体坚硬。青白釉，釉层薄而均匀，玻璃质感强，有稀疏开片。

 35. 青白瓷敛口碗（TN06E03 ② : 223）

Qingbai bowl

口径 18.0、底径 5.3、高 8.6 厘米

微敛口，尖圆唇，深弧腹，圈足，外墙近直，内
墙斜削，足底近平。灰白胎，胎质细腻，胎体坚硬。
青白釉偏灰，内满釉，外施釉至足根，玻璃质感
强，有流釉，积釉处呈青绿色，无开片。内壁因
火熏釉层表面有红褐色。

 36. 青白瓷敛口碗（TN06E02 ① : 4）

Qingbai bowl

口径 17.0、底径 5.4、高 7.3 厘米

微敛口，尖圆唇，深弧腹，圈足，外墙近直，内墙斜削，足心有乳状突，外壁可见修胎和跳刀痕。灰白胎，胎质细腻，胎体坚硬。青白釉，内满釉，外施釉不及底，釉层薄而均匀，无开片，玻璃质感强，可见底层胎体，釉面光洁。

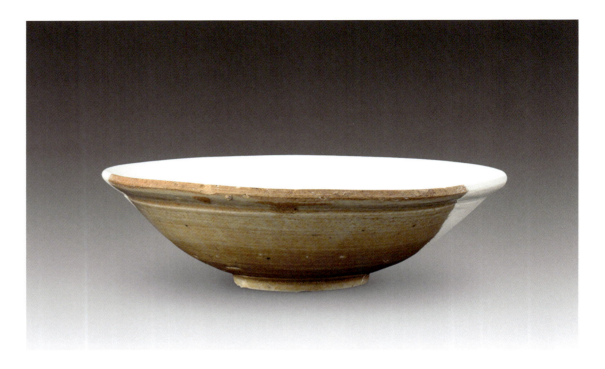

37. 青白瓷芒口碗（TN07E04 ② ： 120）

Qingbai bowl with unglazed mouth rim

口径 14.4、底径 4.8、高 4.4 厘米

侈口，方唇，斜弧腹，矮圈足，外壁及足底见修胎形成的旋削纹和跳刀痕。胎色土黄，胎质坚硬。青白釉，内外均满釉，芒口，釉层薄而均匀。

38. 青白瓷刻划花碗（H3 ① ： 216）

Qingbai bowl with carved, incised decoration

残长 15.3、底径 5.9、残高 6.1 厘米

口沿残缺，深弧腹，圈足，外墙近直，内墙斜削，挖足不规整，内底多有小块落渣。内底刻划莲花等纹样。青灰胎，胎质细腻，胎体坚硬。青白釉，内满釉，外施釉至足根，釉层薄而均匀，玻璃质感强，多开片。

39. 青白瓷碗（TN06E03 ② ：195）

Qingbai bowl

底径 5.4、残高 3.8 厘米

口残，弧腹，矮圈足，内底有同心圆状弦纹，底心微凸，外壁近圈足处可见跳刀痕。白胎，胎质细腻，胎体厚重。青白釉，玻璃质感强。

 40. 青白瓷碗（H3 ① : 183）

Qingbai bowl

底径 6.4、残高 5.2 厘米

口残，弧腹，圈足，内底粘连一器物圈足。灰
白胎，胎质细腻，胎体坚硬。青白釉，内外均
满釉，釉层薄而均匀，内壁有稀疏线状开片。

 41. 青白瓷碗（TN06E02 ② : 180）

Qingbai bowl

底径 5.4、残高 5.6 厘米

口残，斜弧腹，圈足，外壁露胎处可见跳刀痕。
灰白胎，胎体厚重。青白釉，内满釉，外施釉近
圈足，釉层均匀，玻璃质感强。

42. 青白瓷碗、高足杯叠烧（TN06E03 ①：79）

Qingbai bowl and high-footed cup

柄足残高 4.5、口径 15.2、底径 6.2、通高 5.7 厘米

高足杯与碗叠烧标本。高足杯仅存柄足，喇叭状束足。青灰胎，胎质细腻坚硬。青白釉，釉层薄，玻璃质感强，透明度高，可见釉下胎体，流釉严重，有开片。下面的碗为敞口，圆唇，斜弧腹，圈足，外足墙近直，内墙斜削，挖足浅。灰白胎，胎质细腻，胎体坚硬。青白釉，内底圆形露胎，外施釉不及底，釉层薄而均匀，无流釉，无开片。

 43. 青白瓷碗、高足杯叠烧（TN06E02 ② ：103 ）

Qingbai bowl and high-footed cup

碗底径 6.2、通高 8.4 厘米

叠烧标本，外为碗，内为高足杯。碗口沿略残，斜弧腹，圈足，挖足较浅，内底近圆形露胎，外施釉不及底，外壁近底处可见跳刀痕。高足杯为侈口，圆唇，曲腹，喇叭状足略矮，足沿斜削，杯内满釉，内底粘连两大块落渣，外部施釉不及底，但有明显的流釉现象并与其下的碗粘连，积釉处呈青绿色，器表开片。两件器物均为灰白胎，胎质细腻坚硬。青白釉，釉层较薄。

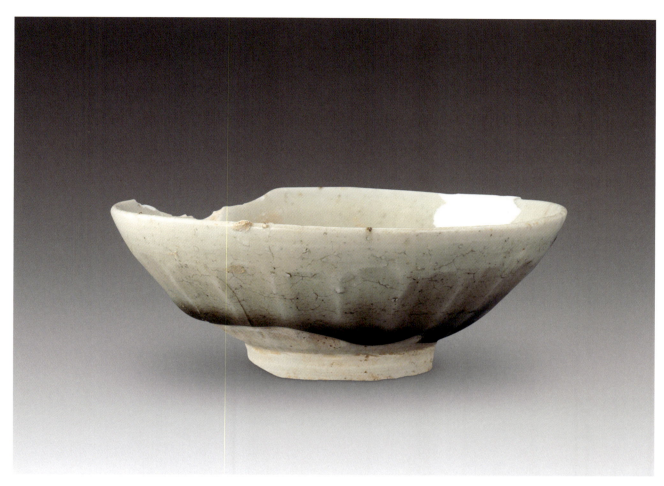

44. 青白瓷莲瓣纹盏（H3①：8）

Qingbai small bowl with lotus design

口径 11.4、底径 4.6、高 4.2 厘米

敞口，圆唇，弧腹，饼足略内凹。外腹部以下刻莲瓣纹一周。胎色洁白，胎体坚硬。青白釉，釉色均匀，内底近圆形露胎，外施釉不及底，内外腹部流釉形成较厚积釉。

 45. 青白瓷莲瓣纹盏（TN06E03②：24）

Qingbai small bowl with lotus design

口径 11.1、足径 3.8、高 7.2 厘米

敞口，尖圆唇，斜弧腹，矮圈足。灰白胎，胎
质坚硬。青釉偏灰绿，内底涩圈，外施釉近圈
足，釉层均匀，不开片，局部有气孔，有积釉。
外壁刻莲瓣纹一周。

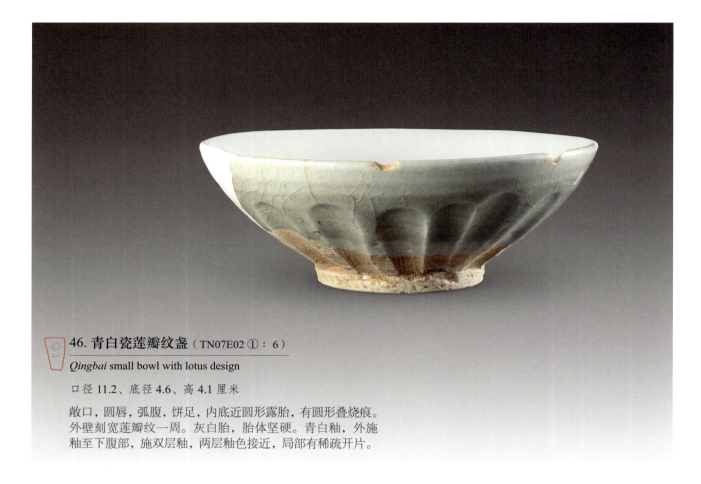

46. 青白瓷莲瓣纹盏（TN07E02 ① : 6）

Qingbai small bowl with lotus design

口径 11.2、底径 4.6、高 4.1 厘米

敞口，圆唇，弧腹，饼足，内底近圆形露胎，有圆形叠烧痕。外壁刻宽莲瓣纹一周。灰白胎，胎体坚硬。青白釉，外施釉至下腹部，施双层釉，两层釉色接近，局部有稀疏开片。

47. 青白瓷莲瓣纹盏（TN07E04 ① : 116）

Qingbai small bowl with lotus design

口径 11.3、底径 4.1、高 4.8 厘米

敞口，尖圆唇，斜弧腹，圈足，内墙斜削，内底刮涩圈。外壁刻莲瓣纹一周，圈足外侧有刻莲瓣纹留下的痕迹。白胎，细腻坚致。青白釉，外施釉不及底，釉色莹润，内底近涩圈处略积釉，呈青绿色。

48. 青白瓷莲瓣纹盏（TN06E03 ② ：604 ）

Qingbai small bowl with lotus design

口径 11.2、底径 4.6、高 4.6 厘米

敞口，圆唇，斜弧腹，矮圈足，足心微凸，内底
刮涩圈，涩圈较规整，但内圈边缘粗糙。外壁刻
有莲瓣纹一周。白胎，细腻坚致。青白釉，施釉
不及底，玻璃质感强，局部有积釉。

49. 青白瓷莲瓣纹盏（TN06E03 ② ：9 ）

Qingbai small bowl with lotus design

口径 12.2、底径 4.2、高 4.7 厘米

敞口，尖圆唇，斜弧腹，饼足。内底涩圈，有叠烧痕。外壁刻
莲瓣纹一周。白胎，胎质细腻。青白釉，外施釉近足，两次施
釉，玻璃质感强，有线状开片，内外底积釉处呈青绿色。

 50. 青白瓷刻划花盏（TN06E03 ② ：134）

Qingbai small bowl with carved, incised decoration

口径 11.2、底径 3.7、高 4.9 厘米

敞口，方唇，斜弧腹，矮圈足，内墙斜削，足心外凸，近底露胎处有跳刀痕。内壁有刻划花。白胎，胎质细腻坚致。青白釉，内满釉，外施釉不及底，积釉处呈青绿色，玻璃质感强，有开片。

 51. 青白瓷刻划花盏（TN06E03 ② ：290）

Qingbai small bowl with carved, incised decoration

口径 11.8、底径 3.2、高 5.6 厘米

敞口，圆唇，斜弧腹，矮圈足，足心凸起，有修胎痕和
跳刀痕，并粘连有较多落渣。内壁有刻划花。灰白胎，
胎质细腻。青白釉，内满釉，外施釉不及底，釉层光亮，
玻璃质感强，有轻微开片，外壁可见厚薄两层釉。

52. 青白瓷刻划花盏（TN06E03 ②：479）

Qingbai small bowl with carved, incised decoration

口径 10.4、底径 3.3、高 5.3 厘米

敛口，弧腹，圈足。内壁有刻划花。灰白胎，
胎质细腻。青白釉，内满釉，外施釉不及底，
玻璃质感强，有线状开片，外壁积釉，略变形。

53. 青白瓷盏（TN07E04 ② : 38）

Qingbai small bowl

口径 11.0、底径 3.3、高 5.1 厘米

敞口，尖圆唇，斜弧腹，圈足，足心外突，内底粘
连大块窑渣，近足端处有跳刀痕，外底釉端粘连。
灰胎，胎体坚硬。青白釉，内满釉，外施釉至圈足，
釉层均匀莹润，内底及外壁积釉严重，局部有开片。

54. 青白瓷盏（TN07E03 ①：7）

Qingbai small bowl

口径 10.4、底径 3.6、高 4.9 厘米

敞口，弧腹，饼足，足墙近直。灰白胎，胎质细腻，胎体坚硬。内满釉，外施釉近足部，釉层薄，玻璃质感强，外底有积釉，内底有褐斑。

55. 青白瓷盏（H3 ①：225）

Qingbai small bowl

口径 11.2、底径 4.0、高 5.5 厘米

微敛口，方唇，斜弧腹，饼足略内凹，内底圆形露胎，底心有乳状突，露胎处有一圈垫隔痕。生烧，黄褐胎，胎体有细小气孔。青白釉，釉色暗淡，多有缩釉。

 56. 青白瓷盏（TN07E02②：17）

Qingbai small bowl

口径 8.8、底径 4.2、高 3.3 厘米

敞口，圆唇，弧腹，饼足微内凹。白胎略偏
灰，胎质细腻，胎体坚硬。青白釉，内底近
圆形露胎，外施釉不及底，釉色均匀。

 57. 青白瓷盏（TN07E02②：288）

Qingbai small bowl

口径 11.4、底径 3.2、高 5.6 厘米

敞口，尖圆唇，鼓腹，下腹斜收，小饼足，足心略内凹。
灰白胎，胎体坚硬。青白釉，内满釉，施釉均匀，外施釉
不及底，釉层薄厚不均，有积釉，釉层玻璃质感强。

 58. 青白瓷盏叠烧（N06E02 ①：82）

Qingbai small bowl

底径 4.0、高 6.1 厘米

三件叠烧。胎釉特征基本一致，灰白胎，胎体坚硬。青白釉，釉层薄而均匀，表面有细碎开片。上面一件敛口，弧腹，饼足，内满釉，外施釉至足根。中间一件敞口，斜弧腹，饼足，内底露胎呈不规则形，外施釉不及底，露胎处见跳刀痕。下面一件仅存口沿，撇口，器型似与中间一件相同。

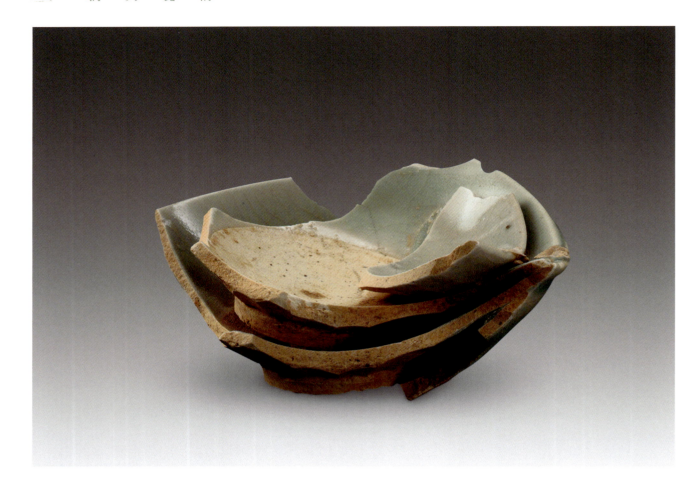

59. 青白瓷盏叠烧（TN06E03 ②：670）

Qingbai small bowl

残高 6.0 厘米

四件叠烧。最上面一件仅存口沿，略变形，敞口，斜弧腹。青白釉，内应为满釉，外施釉不及底，腹部有两条平行的弦纹出筋，下面三件为莲瓣纹碗，形制相近，敞口，尖圆唇，斜弧腹，饼足。外壁刻莲瓣纹一周，较规整。青白釉，内底圆形露胎，外施釉不及底，两次施釉，局部粗疏有开片。四件均为灰白胎，略微泛黄，胎质细腻。

 60. 青白瓷盏叠烧（TN06E03 ② : 162）

Qingbai small bowl

高 6.1 厘米

四件叠烧，最下面一件碗口径 16.2 厘米，底径 6、高 6.2 厘米。敞口，圆唇弧腹，圈足。生烧，青黄胎。内叠烧三件酱釉盏，形制一致，均为敞口，尖唇，弧腹，饼足，内底近圆形露胎，外施釉不及底。胎色偏黄。

 61. 青白瓷刻划花盏叠烧（TN06E03 ② ：700 ）

Qingbai small bowl with carved, incised decoration

底径 4.2、高 5.3 厘米

两件叠烧标本。上面一件为刻划花青白瓷盏，敞口，斜弧腹，圈足。内底有刻划花，青白釉，内满釉，外施釉不及底，有流釉，釉层玻璃质感强，有轻微开片。下面一件斜弧腹，饼足。青白釉，外壁积釉处呈粉青色，外施釉不及底，外壁刻莲瓣纹，圈足外缘有刻划莲瓣纹留下的刻刀痕。两件均为白胎，胎质细腻坚致。

62. 青白瓷刻划花盏叠烧（TN06E03 ② ：508 ）

Qingbai small bowl with carved, incised decoration

底径 4.2、高 5.8 厘米

两件叠烧。上面一件为刻划花盏，敞口，尖圆唇，斜弧腹，底足因叠置无法确定是饼足还是圈足，灰胎较坚致，青绿色釉，内满釉并有刻划花，外施釉不及底，内底和圈足积釉，釉层玻璃质感强，有开片。下面一件仅存器底，饼足，灰白胎，胎体坚硬，保留部分无釉，有修胎痕。

63. 青白瓷盏、酱釉盏叠烧（TN06E03②：569）

Stacking sintering of bowls with bluish-toned or dark redish brown glazes

通高 5.6 厘米

两件叠烧，青白瓷盏与酱釉盏叠烧标本。青白瓷盏敞口，尖圆唇，弧腹，饼足。青灰胎，胎质细腻，胎体轻薄。青白釉偏灰，釉层薄，有积釉，积釉处呈青褐色，有开片，内底粘有几块大的窑渣。酱釉盏敞口，圆唇，弧腹，饼足。青灰胎，胎质细腻，胎体轻薄。内外近圆形露胎，釉层分布不均，局部呈深褐色，有缩釉，无开片。

64. 青白瓷菊瓣纹花口杯（TN07E04 ②：362）

Qingbai cup with chrysanthemum design and lobed rim

口径 8.8、底径 3.6、高 4.5 厘米

敞口，圆唇，弧腹，饼足略内凹，内底有较多落渣。
灰白胎，胎薄坚硬。青白釉，内满釉，外施釉不及底，
积釉处呈天青色。花口，内底有菊瓣纹印花。

65. 青白瓷莲瓣纹杯（TN06E03 ②：390）

Qingbai cup with lotus design

口径 8.2、底径 3.4、高 4.2 厘米

口微敛，圆唇，弧腹，饼足。外壁口沿下有弦纹一道，下刻莲瓣纹一周，内底粘连瓷泥一块。白胎，胎质细腻坚致。青白釉，内满釉，外施釉不及底，釉层莹润，内底和足部积釉。

66. 青白瓷杯（TN06E03 ②：19）

Qingbai cup

口径 7.4、底径 3.3、高 4.2 厘米

直口，圆唇，弧腹，饼足。灰白胎，胎体坚致。青白釉，釉层薄而均匀，局部有气孔。

 67. 青白瓷杯（TN06E03 ②：22）

Qingbai cup

口径 7.5、底径 3.4、高 4.0 厘米

直口，圆唇，弧腹，饼足略内凹。青灰胎，胎体坚致。青白釉，釉层薄且均匀，内满釉，外施釉不及底。

 68. 青白瓷杯（TN07E04 ②：187 ）

Qingbai cup

口径 7.2、底径 3.4、高 4.8 厘米

敛口，圆唇，弧腹，饼足，外壁见修胎痕，内底多落渣。灰白胎，胎质坚硬。青白釉，内满釉，外施釉不及底，釉层薄而均匀。

 69. 青白瓷杯（TN06E03 ②：405 ）

Qingbai cup

口径 8.0、底径 3.2、高 3.9 厘米

直口微敛，弧腹，饼足，内底心略凸起，内壁局部有落渣，外壁有跳刀痕。白胎，胎质细腻坚致。青白釉，内满釉，外施釉不及底。

 70. 青白瓷杯（TN06E03 ② ： 602 ）

Qingbai cup

口径 8.1、底径 3.5、高 4.5 厘米

直口，弧腹，饼足，足墙近直，内底
有落渣。灰白胎，胎质细腻，胎体坚
硬。青白釉，内满釉，外施釉不及底，
釉层薄而均匀，釉色莹润有光泽，有
开片。

 71. 青白瓷杯（TN07E04 ② ： 121 ）

Qingbai cup

口径 8.0、底径 3.0、高 4.8 厘米

直口，尖圆唇，深弧腹，饼足微内凹，足沿斜削，内底
有落渣，足根有叠烧痕。青白釉，内壁满釉，外施釉近
足部，流釉明显，积釉处呈青绿色，玻璃质感强。

72. 青白瓷杯（H3 ① : 4）

Qingbai cup

口径 8.4、底径 4.0、高 4.0 厘米

微敛口，尖唇，弧腹。饼足略内凹。胎质洁白，胎体坚硬。青白釉，内底圆形露胎，外施釉不及底。

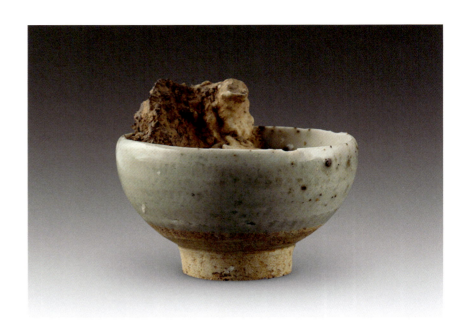

 73. 青白瓷杯（TN07E04 ② : 6）

Qingbai cup

口径 7.1、底径 3.3、高 4.4 厘米

敛口，圆唇，弧腹微鼓，饼足微凹。杯内有大块窑渣。胎色洁白，胎质细腻坚致。青白釉，釉色均匀，外施釉不及底，下腹部圆形露胎。

74. 青白瓷芒口杯（TN07E02 ② : 139）

Qingbai cup with unglazed mouth rim

口径 8.8、底径 4.8、高 4.2 厘米

直口，方唇，弧腹，饼足，外壁有旋削痕和跳刀痕，底部粘连窑砂。灰白胎，胎体坚硬。青白釉，内满釉，外施釉近足部，芒口。釉层薄而均匀，玻璃质感强。

75. 青白瓷杯、盏叠烧（H3 ①：32）

Stacking sintering of *Qingbai* bowl and cup

叠烧标本。上面一件为芒口杯，直口，弧腹，饼足。内满釉，外施釉不及底。灰白胎，胎质细腻坚致。青白釉，釉色莹润，局部有开片。口径8.2、底径 3.4 厘米。下面一件为盏，侈口，方唇，斜弧腹，饼足。灰白胎，胎质细腻。青白釉，内底圆形露胎，外施釉不及底，釉色莹润有光泽，釉层均匀，无积釉或流釉。口径 8.8、底径 4.2、通高 5.3 厘米。

76. 青白瓷莲瓣纹高足杯（H3 ② : 56）

Qingbai high-footed cup with lotus design

底径 3.6、残高 6.4 厘米

口残，深弧腹，高足外撇，足沿斜削，足底内削。外壁刻莲瓣纹，足中部有一凹弦纹。灰白胎，胎质细腻，胎体坚硬。青白釉，釉层薄而均匀，釉色明亮有光泽。

 77. 青白瓷高足杯（TN08E04 ①：40）

Qingbai high-footed cup

口径 12、足径 3.9、高 7.7 厘米

撇口，圆唇，弧腹，喇叭状束足，足沿斜削，
平底略内凹。青灰胎，胎体坚硬。青白釉，内
外满釉，芒口刮釉，釉层薄而均匀，玻璃质感强，
有开片和气孔。

78. 青白瓷高足杯（H1②：3）

Qingbai high-footed cup

口径 7.6、足径 2.8、高 5.7 厘米

侈口，圆唇，微鼓腹，高足微束，足底部略内凹。灰白胎，胎质洁白细腻。青白釉，内满釉，足底无釉。器内有黑色烟熏痕。

79. 青白瓷高足杯（TN06E03②：787）

Qingbai high-footed cup

口径 9.8、底径 3.4、高 8.6 厘米

侈口，曲腹，高柄足，柄部斜直，呈喇叭状。灰白胎，胎质细腻。青白釉，内满釉，外施釉至柄中部，釉层薄而均匀，有稀疏细小开片，外部有两块与其他器物的粘连痕迹。

80. 青白瓷高足杯（TN06E03 ② ：810）

Qingbai high-footed cup

足径 3.4、残高 8.8 厘米

口沿残，侈口，尖圆唇，曲腹，高柄实足，足心内凹，内底及外壁局部粘连落渣。胎色偏白，胎质细腻坚致。青白釉，内满釉，外施釉至足根，釉色均匀，莹润光洁，局部有线状开片。

 81. 青白瓷高足杯（TN08E04②：1）

Qingbai high-footed cup

口径 11.2、底径 4.0、高 7.4 厘米

侈口，圆唇，微鼓腹，喇叭形足，足沿斜削，
足心微内凹。胎色洁白，胎体坚硬。青白
釉，内底满釉，外施釉至足中部，有流釉，
积釉处釉层厚，玻璃质感强。

82. 青白瓷高足杯（TN06E03 ① ： 274 ）

Qingbai high-footed cup

口径 7.8、底径 3.2、高 7.1 厘米

卷沿，圆唇，弧腹，喇叭状实足，足心略内凹。沿面下有两道凹弦纹。灰白胎，胎质细腻，胎体坚硬。青白釉，内满釉，外施釉至足中部，釉层薄，积釉处呈灰蓝色，有流釉，多开片。

83. 青白瓷高足杯（TN06E03 ② ： 707 ）

Qingbai high-footed cup

口径 10.4、底径 4.2、高 6.0 厘米

侈口，曲腹，圜底，喇叭状实足，足底略内凹，足外侧斜削。内底粘连杂质，足部粘连一小块碎块。灰白胎，胎体坚硬，胎体较厚。青白釉，内满釉，外施釉至足根，釉层薄而均匀，略开片。

84. 青白瓷高足杯（TN07E02 ② : 207）

Qingbai high-footed cup

口径 10.2、底径 3.8、高 7.8 厘米

微敛口，弧腹，柄足，足沿斜削，足心内凹，
内底粘连较多落渣。白胎，胎质细腻坚致。
青白釉，内满釉，外施釉至足中，釉层不
均匀，有积釉，玻璃质感强。

85. 青白瓷高足杯（TN07E04 ② ∶ 40）

Qingbai high-footed cup

口径 9.0、残高 4.5 厘米

侈口，圆唇，弧腹，足缺。灰白胎，胎体坚硬。青白釉，釉色明亮。内底刻划莲花纹。

86. 青白瓷高足杯（TN07E02 ② ∶ 155）

Qingbai high-footed cup

口径 11.8、底径 4.6、高 7.9 厘米

侈口，折沿，方唇，弧腹，喇叭状柄足外撇，挖足浅，内底粘连落渣，外壁可见修胎痕。灰白胎，胎体坚硬。青白釉，内满釉，外施釉至足中，釉层薄而均匀，外壁釉层有小气孔，足部有垂釉。

87. 青白瓷莲瓣纹折沿大盘（TN06E03②：523）

Qingbai plate with lotus design

口径 24.0、底径 7.7、高 4.9 厘米

斜折沿，沿面微卷，尖圆唇，斜弧腹，圈足，内底刮涩圈，有叠烧痕。内壁刻莲瓣纹一周。胎色偏白，胎质坚硬厚重。青白釉，外施釉不及底，釉层较厚，均匀莹润，足部积釉，部分釉色呈灰绿色。

88. 青白瓷莲瓣纹折沿大盘（TN07E02②：206）

Qingbai plate with lotus design

口径 24.9、底径 8.7、高 5.9 厘米

斜折沿，沿面微卷，斜弧腹，矮圈足，内底刮涩圈，有叠烧痕，内底有窑渣，外壁露胎处可见跳刀痕。内壁刻一周莲瓣纹。灰白胎，胎体厚重。青白釉，外施釉不及底，釉层均匀莹润。

89. 青白瓷莲瓣纹折沿大盘（H3 ① : 30）

Qingbai plate with lotus design

口径 20.8、底径 7.8、高 3.8 厘米

折沿，圆唇，浅弧腹，圈足，外墙直，内墙斜削。内壁刻
一周莲瓣纹，外壁露胎处有跳刀痕，足底有旋削跳刀痕。
灰白胎，胎体厚而坚实。青白釉，玻璃质感强，积釉处呈
深青色，局部有开片。

90. 青白瓷莲瓣纹折沿大盘（TN07E02②：84）

Qingbai plate with lotus design

口径 21.0、底径 7.9、高 3.4 厘米

斜折沿，圆唇，沿面微卷，浅弧腹，圈足，内底
刮涩圈。胎色青白略偏灰，胎质细腻，胎体坚硬。
青白釉，外施釉至足根，底部露胎，釉层薄而均
匀，釉色莹润有光泽，玻璃质感强。

91. 青白瓷刻划花折沿大盘（TN06E03 ①：16）

Qingbai plate with carved, incised decoration

口径 27.6、底径 6.0、高 5.2 厘米

斜折沿，圆唇，浅弧腹，矮圈足，挖足浅，内底刮涩圈。内
壁刻划花。胎体厚重，中腹以上胎体呈青灰色，圈足部分生
烧呈黄褐色，胎质细腻。青白釉偏灰，外施釉近足根，釉色
莹润有光泽，外壁釉层表面因烟火熏染呈黄褐色，有开片。

 92. 青白瓷折沿大盘（TN07E04 ②：281）

Qingbai plate

口径 23.2、底径 8.6、高 5.6 厘米

折沿，沿面较宽，斜弧腹，挖足浅，外底心凸起。内底刻划团菊纹。胎质粗疏，因火候不足而呈红色。内满釉，外部两次施釉，施釉不及底，里层釉薄呈青白色，外壁釉色泛黄，有垂釉现象。

93. 青白瓷敞口大盘（TN07E02 ②：128）

Qingbai plate

口径 23.2、底径 10.0、高 5.4 厘米

敞口，圆唇，斜弧腹，圈足。内底刻划花，并粘连大块窑渣，内底边缘及外壁近口沿处刻划宽弦纹一道。灰胎，胎体厚重。青白釉泛灰，内满釉，外施釉至圈足，釉层均匀，玻璃质感强。

 94. 青白瓷敞口大盘（TN06E03 ②：866）

Qingbai plate

口径 18.8、底径 7.3、高 4.6 厘米

敞口，尖圆唇，浅弧腹，圈足，内底刮涩圈。因火候不够胎呈黄褐色，胎质疏松。青白釉泛黄，外施釉不及底，外底露胎不规整。多开片。

95. 青白瓷敞口大盘（H3 ① ：242）

Qingbai plate

口径 20.0、底径 7.4、通高 7.4 厘米

两盘叠烧粘连，形制尺寸相同。敞口，圆唇，浅弧腹，内底平，圈
足，内底刮涩圈。白胎，胎质细腻纯净。青白釉，外壁施釉不及底。

96. 青白瓷敞口大盘（H1 ①：47）

Qingbai plate

口径 20.0、底径 7.8、高 4.4 厘米

敞口，方唇，浅腹，底宽平，圈足。外墙近直，内墙斜削，足底有乳状突。内底有划花。外壁有五至六道修坯痕迹，多见跳刀痕。灰白胎，胎体坚硬。青白釉，内满釉，外施釉不及底，釉层薄。

97. 青白瓷折沿大盘叠烧（TN07E04 ② ： 7）

Qingbai plate

口径 19.4、通高 9.0 厘米

折沿，圆唇，弧腹，内底刮涩圈，底部与垫烧的窑具粘连在一起。施青白釉，器内积釉处呈湖绿色，玻璃质感强。

 98. 青白瓷折沿盘（TN07E02 ② : 14）

Qingbai plate

口径 17.8、底径 6.4、高 3.2 厘米

折沿，圆唇，弧腹，圈足，内底刮涩圈。胎质细腻，
胎体坚硬。青白釉，釉层均匀。

99. 青白瓷敞口盘（TN06E03 ① : 126）

Qingbai plate

口径 15.0、残高 2.0 厘米

敞口，圆唇，浅弧腹，足缺。内壁有刻划花。灰白胎，胎质细腻。青白釉，釉色莹润，外施釉不及底。

100. 青白瓷敞口盘（H3 ① : 64）

Qingbai plate

口径 15.3、底径 5.8、高 3.4 厘米

敞口，圆唇，浅弧腹，圈足，挖足浅，足心略突起，内底有叠烧痕迹，外底近圈足处有明显的跳刀痕。灰白胎，胎质细腻，胎体坚硬。青白釉，内圆形露胎，外施釉至下腹部，外底呈圆形露胎，釉层薄而均匀，开片少，釉色莹润有光泽。

 101. 青白瓷盘（H3①：67）

Qingbai plate

口径 15.0、底径 10.0、高 3.1 厘米

微敛口，圆唇，浅弧腹，隐圈足，外墙斜直，内墙近直。灰白胎，胎质细腻，胎体轻薄坚致。青白釉，内满釉，外施釉至圈足外沿，釉层薄，玻璃质感强，施釉均匀，局部有稀疏开片。

102. 青白瓷刻划花盘（TN07E04 ① : 9）

Qingbai plate with carved, incised decoration

底径 11.4、残高 2.3 厘米

口残，斜弧腹，矮圈足。灰白胎，胎体坚致。青白釉，釉层均匀，不开片，推测内底满釉，外施釉近底，内壁与底交界处刻两圈弦纹，内底刻划花。

103. 青白瓷盘（TN06E03 ① : 212）

Qingbai plate

残高 2.7 厘米

口沿残片，敞口，尖圆唇，浅弧腹。青灰胎，胎质细腻，略有气孔。乳浊状厚釉，天青色，有稀疏开片。

104. 青白瓷莲瓣纹折沿碟（TN07E04 ①：90）

Qingbai saucer with lotus design

口径 11.8、底径 4.4、高 3.0 厘米

折沿，圆唇，浅弧腹，圈足。青灰胎，胎体坚致。青白釉，
釉色莹润，内满釉，外施釉不及底。

 105. 青白瓷折沿碟（TN07E04 ② ：315）

Qingbai saucer

口径 12.0、底径 4.2、高 3.0 厘米

折沿，尖圆唇，弧腹，圈足。青白釉，内底
圆形露胎，外施釉不及底。器物略有变形。

 106. 青白瓷折沿碟（TN06E03②：572）

Qingbai saucer

上面一件口径 13.0、底径 4.8、通高 4.0 厘米

两件叠烧，器形及胎釉特征相同。上面一件保存较为完整，平折沿，浅弧腹，圈足。青灰胎，胎体轻薄。内满釉，外施釉不及底，青白釉偏灰，玻璃质感强，有稀疏开片，积釉处呈青灰色。内底有少量落渣。

107. 青白瓷折沿碟（TN07E04②：297）

Qingbai saucer

口径 10.8、底径 4.4、高 3.0 厘米

斜折沿，圆唇，浅弧腹，圈足，足墙斜直。灰白胎，胎体坚硬。青白釉，釉层均匀，内底圆形露胎，外施釉不及底。

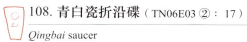

108. 青白瓷折沿碟（TN06E03 ② : 17）

Qingbai saucer

口径 10.6、底径 4.4、高 2.9 厘米

平折沿，圆唇，斜弧腹，矮圈足。灰白胎，胎质细腻。青白釉，内底涩圈，外施釉不及底，有积釉，积釉处玻璃质感强，有开片。

 109. 青白瓷平底碟（TN06E03 ①：214）

Qingbai saucer with flat base

口径 6.9、底径 4.5、高 3.7 厘米

直口，方唇，直壁微弧，平底。灰白胎，胎质细腻，胎体轻薄。内满釉，外施釉不及底，青白釉偏灰，釉层薄而均匀。

110. 青白瓷平底碟（TN07E04 ①：91）

Qingbai saucer with flat base

口径 12.0、底径 7.6、高 3.1 厘米

敞口，圆唇，弧腹，底近平，略变形。灰胎，胎质坚硬。青白釉，内满釉，外施釉至底部，釉层薄而均匀。

111. 青白瓷莲瓣纹束口钵（TN07E04 ① : 102 ）

Qingbai bowl with lotus design

口径 10.0、底径 5.0、高 5.6 ～ 6.2 厘米

五件叠烧标本，仅第二件较完整，其余四件仅存少许口
沿，胎釉相同，灰白胎，胎体坚致，青白釉，施釉均匀。
相对完整的一件为束口，圆唇，鼓腹，下腹斜收，饼足，
内底刮涩圈，外壁近口处以一弦纹为界，下刻一周莲瓣
纹。外施釉不及底。

112. 青白瓷莲瓣纹束口钵（TN06E03 ② ： 742）

Qingbai bowl with lotus design

口径 13.0、底径 5.4、高 6.5 厘米

尖圆唇，束口，折腹，下腹斜收，饼足，足心略内凹，内底刮涩圈。折腹以下刻莲瓣纹一周，莲瓣顶部为尖叶状。胎色偏黄，胎体厚重。青白釉，釉层薄且均匀，外壁有细碎开片。

113. 青白瓷莲瓣纹束口钵（TN06E03 ② ：80）

Qingbai bowl with lotus design

口径 14.8、底径 6.4、高 7.4 厘米

束口，圆唇，折腹，下腹斜收，圈足，挖足较浅，内底刮
涩圈。折腹以下刻莲瓣纹一周。胎色偏白，青白釉，外施
釉不及底，釉色莹润光亮。

114. 青白瓷莲瓣纹束口钵（TN07E04 ① ：65）

Qingbai bowl with lotus design

口径 16.8、残高 4.6 厘米

侈口，方唇，束颈，底残。外壁腹径最大处有弦纹一道，
上刻有纹饰，下刻莲瓣纹一周。灰白胎，胎质坚硬。青
白釉偏绿口沿刮釉，玻璃质感强，有稀疏线状开片。

115. 青白瓷莲瓣纹敛口钵（TN07E03 ② : 135）

Qingbai bowl with converged mouth and lotus design

口径 14.4、残高 4.2 厘米

敛口，弧腹，底残。外腹刻莲瓣纹。胎色洁白，胎体坚硬。施青白釉，内满釉，外施釉不及底。

 116. 青白瓷敛口钵（H3 ① ：103 ）

Qingbai bowl with converged mouth

口径 14.6、残高 5.4 厘米

敛口，圆唇，弧腹，底残。外腹刻划莲瓣纹。
胎质洁白细腻，外腹粘另一器腹片。

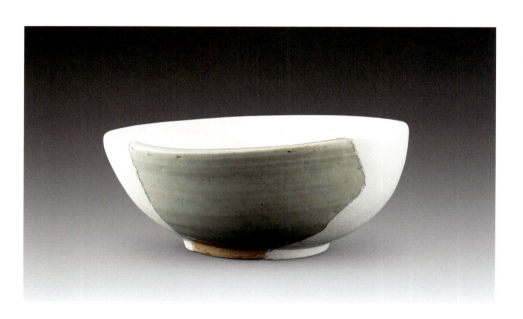

117. 青白瓷直口钵（TN07E04 ② ：67 ）

Qingbai bowl with vertical mouth

口径 16.4、底径 9.8、高 6.8 厘米

直口，厚方唇，弧腹，圈足，足墙宽厚，外足墙斜
削，挖足浅。外壁有明显的旋削痕迹。灰白胎，胎
质细腻，胎体坚硬。青白釉，内满釉，外施釉不及
底，釉层均匀，釉色莹润，玻璃质感强。略变形。

 118. 青白瓷执壶（TN07E03②：175）

Qingbai ewer

残高 10.0 厘米

口和底均残。鼓肩，斜弧腹，条形系。胎色偏白，坚硬，内壁可见拼接痕迹，内外施青白釉，釉层均匀莹润，表面细碎开片。

119. 青白瓷瓶（TN07E02②：88）

Qingbai vase

口径 7.0、残高 9.2 厘米

直口，高领，折肩，直腹微弧，底部残，肩部有一凸棱。黄褐胎，胎质略粗。青白釉偏黄，釉色透亮，玻璃质感强，有少量开片。

120. 青白瓷瓶（TN06E03 ② ：811）

Qingbai vase

底径 4、残高 9.6 厘米

口残，广肩，直腹斜收，束足，足端外撇，平底。灰白胎，胎体坚硬。内满施青白釉，外施釉不及底，可见厚薄两层釉，下层较薄，青白色，上层较厚，灰绿色。内壁中部可见接胎痕，器表粘满窑渣。

 121. 青白瓷罐（TN07E04 ① : 1）

Qingbai jar

口径 8.6、残高 5.0、残宽 7.1 厘米

方唇，束颈，鼓腹，底残，颈部至口沿上贴塑提梁。胎白略含砂，胎质坚硬。内外皆施青白釉，釉色均匀，釉面有开片。

122. 青白瓷罐（TN07E03 ②：69）

Qingbai jar

口径 5.4、残高 4.7 厘米

口沿残，束颈，鼓腹，饼足微内凹，内弧腹。
胎色洁白，胎质坚硬细腻。施青白釉，内满
釉，外施釉不及底。

123. 青白瓷罐（TN06E03 ②：301）

Qingbai jar

口径 6.8、残高 4.3 厘米

敞口，方唇，束颈，鼓腹，底残。外壁有修胎留
下的旋削痕。白胎，胎质坚硬细腻。内外施青白
釉，釉层均匀，釉色莹润，局部粘连杂质。

124. 青白瓷缸（TN08E04H1 ② : 14）

Qingbai urn

口径 20.2、残高 9.2 厘米

直口，方唇，直腹，腹部有一宽条纹，底部残。灰白胎，
胎体略厚，胎质细腻。青白釉，内外壁施釉，口沿及子
母口刮釉，釉层薄而均匀，釉色莹润，局部有线状开片。

 125. 青白瓷盒（TN07E04 ② ：66 ）

Qingbai box

口径 11.4、底径 8.6、高 2.3 厘米

方唇，浅弧腹，平底略内凹。青白釉，
外施釉不及底。

 126. 青白瓷折沿炉（TN07E02 ②：19）

Qingbai burner

口径 11.0、底径 5.4、高 5.8 厘米

口沿略残，折沿，直腹斜收，圈足。施青白釉，
釉色均匀，内壁口沿以下无釉，外施釉不及底。

 127. 青白瓷折沿炉（TN06E03②：79）

Qingbai burner

底径 4.6、残高 6.2 厘米

平折沿，斜直腹，底部斜折，饼足。腹部有四道宽
凹弦纹。灰白胎，胎质坚硬，含杂质。青白釉，内
部仅口沿处施釉，外施釉至足根，釉层均匀莹润。

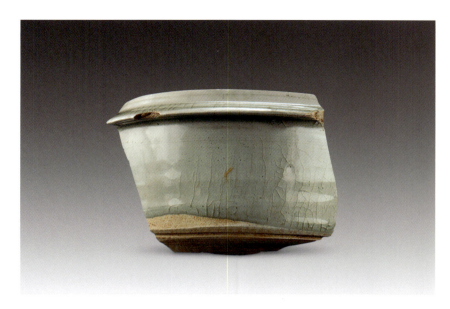

 128. 青白瓷折沿炉（TN07E02 ② : 172）

Qingbai burner

内径 14.2、外径 16.8、残高 7.5 厘米

子母口，内直口，圆唇，口沿外出斜折沿，深腹，上腹微弧，下腹急收，底残。内外近底处均有明显旋削痕迹。灰白胎，胎质细腻，胎体轻薄。青白釉，内施釉至口沿下，外施釉至折腹处。釉层薄且均匀，釉色莹润透明度高。口沿内侧粘连另一件同样釉色的器物口沿。

 129. 青白瓷卷沿炉（TN07E03 ② : 330）

Qingbai burner

残高 4.2 厘米

仅存口沿，卷沿，方唇，上腹近直，下腹及底部残。灰白胎，胎体轻薄，胎质细腻。青白釉，内施釉至口沿以下，外壁保留部分满釉，釉色莹润有光泽，透明度高，有开片。

 130. 青白瓷樽式炉（TN06E03 ②：365）

Qingbai burner

口径 11.5、底径 5.2、高 7.5 厘米

直口，方唇，上腹近直，下腹折收，矮圈足。外腹壁有四道凹弦纹，底附三足，残缺。灰白胎，胎质细腻坚硬。青白釉，内施釉至口沿处，外满釉，圈足露胎，釉层均匀，玻璃质感强，透明度高，有竖向线状开片。足底有火石红。

131. 青白瓷樽式炉（H3 ②：13）

Qingbai burner

底足径 5.6、残高 7.8 厘米

仅存腹部及底部。上腹近直，下腹折收，隐圈足。白胎，胎质细腻，胎体厚重。保留部分外壁施釉至近圈足处，内露胎。内底有较多落渣和青白釉残片。

 132. 青白瓷贴花炉（H3 ① : 35）

Qingbai burner

口径 13.2、残高 6.9 厘米

樽形，直口，方唇，近直腹，底残。口沿处刻划宽凹弦纹三道，外壁贴花开裂，花茎为刻划。灰白胎，胎质坚硬，青白釉泛灰，外施釉近底，内口沿以下不施釉，釉层均匀，末端积釉。

 133. 青白瓷刻划花炉（Y15 采：1）

Qingbai burner with carved, incised decoration

口径 16.4、底径 8.4、高 12.6 厘米

圆唇，唇沿内钩，直腹，底部斜直收，饼足。中腹刻菊花纹，器形规整。灰白胎，胎体坚致。青白釉偏灰，内壁口沿以下及外底不施釉，釉层均匀，内底有叠烧痕，口部有窑渣。

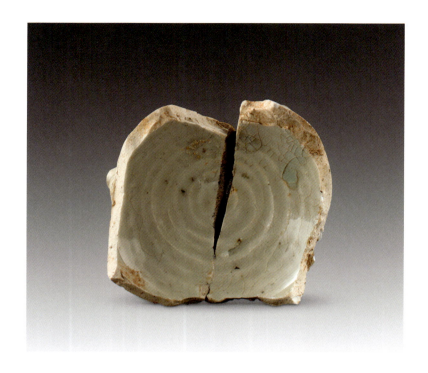

 134. 青白瓷三足炉（TN08E04 ② : 52 ）

Qingbai burner

残高 4.3 厘米

仅存底部。下腹部弧收，平底，腹部接三蹄状足，一足残。足底有圆形垫具痕。灰白胎，胎质细腻坚硬。青白釉，内底满釉，外施釉不及底，底足露胎。

 135. 青白瓷三足炉（H3 ① : 7）

Qingbai burner

残高 6.0 厘米

口部残。樽形，直腹微弧，底部斜直收，腹下接三小锥状足，矮圈足。外腹壁刻两道宽凹弦纹。灰白胎，胎质细腻。青白釉，内部、圈足、外底均无釉，足端无釉，釉层均匀，玻璃质感强，有开片，局部积釉。

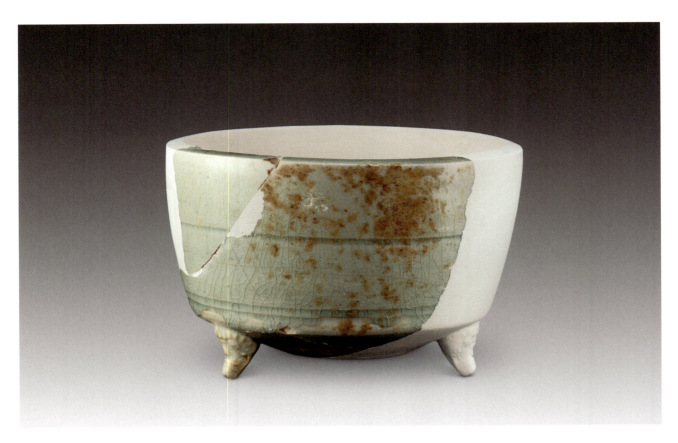

 136. 青白瓷三足炉（H3①：5）

Qingbai burner

口径 18.8、高 13.8 厘米

直口，方唇，直腹微弧，底部斜直收，平底，下承三
兽状足，外壁刻三道凹弦纹。胎色近白，胎质坚硬。
青白釉，釉色均匀莹润，玻璃质感强，有稀疏开片，
外施釉近底部，内壁不施釉，有积釉。

 137. 青白瓷灯盏（H1 ① ∶ 1）

Qingbai lamp bowl

口径 8.65、底径 3.7、高 1.9 厘米

方唇，斜腹，平底微内凹。胎质细腻，胎体坚硬。内
施青白釉，仅器内腹施釉，釉色均匀，白中泛青，局
部颜色呈青灰色或土黄色。

 138. 青白瓷灯盏（H1 ② : 6）

Qingbai lamp bowl

口径 9.0、底径 3.7、高 3.1 厘米

口沿一侧有另一件灯盏口沿对扣粘连。方唇，微
弧腹，平底微内凹。灰白胎，胎质细腻，胎质坚硬。
施青白釉，仅器内腹施釉，口沿及外部无釉。

139. 青白瓷灯盏（TN07E04②：227）

Qingbai lamp bowl

口径 8.6、底径 4.2、高 2.0 厘米

敞口，圆唇，微弧腹，平底微内凹。青白釉，
内满釉，外露胎。

140. 青白瓷灯盏（TN07E03②：34）

Qingbai lamp bowl

口径 8.8、底径 3.7、高 2.0 厘米

敞口，方唇，斜直腹，平底微凹。内施青白
釉，釉色均匀，外露胎。

141. 青白瓷器座（TN07E02 ②：18）

Qingbai stand

口径 11.0、腹径 14.0、底径 13.8、高 6.7 厘米

圆唇，弧腹，高圈足，内腹呈浅盘形，圈厚重，残缺。胎色洁白，胎质细腻，有气孔，含细砂。内壁及外腹施青白釉，下腹部及足内无釉。

 142. 青白瓷器盖（TN06E03 ① ： 116）

Qingbai cover

盖面径 19.2、子口径 14.6、高 6.4 厘米

弧形顶，盖沿平折，盖顶有圆形纽，纽心内凹，盖
下设子口。盖面中部有两道凹弦纹。白胎，胎质细腻，
胎体厚重。青白釉，仅盖面施釉，釉色莹润有光泽，
玻璃质感强，釉层多起翘。盖内顶部有青白釉斑。

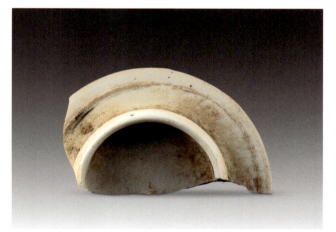

143. 青白瓷器盖（TN06E03 ①：128）

Qingbai cover

盖径 8.6、通高 1.9 厘米

顶面平，盖沿微上翘，下设子口，子口微敛。顶面有两道凹弦纹。灰白胎，胎质细腻，胎体轻薄。仅盖面施釉，青白釉，釉色莹润有光泽，积釉处呈天青色。沿面下有器物或窑具垫烧痕迹。

144. 青白瓷器盖（TN06E03 ①：84）

Qingbai cover

盖径 8.1、残高 5.0 厘米

弧形盖顶，盖沿平折，纽残，盖下设子口，子口外墙斜直。弧顶中间有两道凹弦纹。灰白胎，胎质细腻，胎体厚重。仅盖面施釉，青白釉，釉色莹润，积釉处呈天青色，玻璃质感强，透明度高。

 145. 青白瓷器盖（TN08E03 ②：18）

Qingbai cover

盖径 11.0、高 4.0 厘米

弧形盖顶，圆形纽，盖沿斜折，尖方唇，盖下设子口。灰白胎，胎质细腻坚硬。青白釉，盖面施釉，盖纽顶面刮釉，盖下不施釉。釉层薄而均匀，釉色莹润有光泽。

146. 青白瓷器盖（TN07E04 ① ：101）

Qingbai cover

盖径 14.4、高 3.9 厘米

盒盖，顶弧，平口方唇。盖顶表面刻凹弦纹两道，
近盖沿处刻凹弦纹一道。白胎，细腻坚致。青白釉，
外施釉，口沿及内部无釉，釉层均匀莹润明亮。

147. 青白瓷生烧器盖（TN07E04 ② ：304）

Half-fired cover with bluish-toned glaze

盖径 17.2、高 6.3 厘米

弧形盖顶，圆形纽，盖沿平折，方唇，盖下设子口，
子口外墙斜直，盖内弧顶。生烧，黄褐色胎，胎质
细腻，胎体疏松。青白釉偏黄，仅盖面施釉，施釉
不均，盖缘局部露胎，釉色黯淡无光，局部有缩釉。

二　青瓷

Celadon wares

 148. 青瓷莲瓣纹大碗（TN06E03 ② ：25）

Celadon bowl with lotus design

口径 18.6、底径 6.5、高 8.2 厘米

敞口，尖圆唇，深弧腹，圈足，外足墙近直，内足墙斜削，足心略凸起，内底刮涩圈。外壁口沿下有弦纹一道，其下刻莲瓣纹一周。灰白胎，胎质细腻坚硬。外施釉近足根，釉色莹润有光泽，玻璃质感强，有线状开片，积釉处呈深青色。

 149. 青瓷莲瓣纹大碗（TN07E04 ② : 19）

Celadon bowl with lotus design

口径 19.6、底径 6.6、高 7.8 厘米

敞口，圆唇，斜弧腹，圈足，内底涩圈较规整，有叠烧痕。外壁口沿下有弦纹一道，下刻莲瓣纹一周。胎色灰中泛黄，胎质坚硬。青釉偏绿，外施釉至足根，釉层均匀莹润。

150. 青瓷刻划花大碗（TN06E03 ② : 828）

Celadon bowl with carved, incised decoration

口径 19.0、底径 5.6、高 7.0 厘米

敞口，圆唇，斜弧腹，圈足，足心微外凸。内壁刻划花。灰白胎，胎质坚硬，胎体轻薄。青釉，内底露胎，边缘粗糙，外部施釉至圈足，外壁青釉下可见一层青白釉，应是二次施釉。釉层均匀，玻璃质感强，局部釉中含有杂质，内壁有脱釉和开裂。

 151. 青瓷敞口大碗（TN07E03 ② ∶ 83）

Celadon bowl

口径 20.8、底径 7.6、高 7.0 厘米

敞口，尖圆唇，斜弧腹，圈足，足墙宽，挖足浅。青灰胎。青釉，无流釉与积釉，有开片。

152. 青瓷敞口大碗（TN07E04 ② ∶ 216）

Celadon bowl

口径 18.2、底径 7.2、高 6.4 厘米

敞口，圆唇，斜弧腹，矮圈足，内底刮釉，圆形露胎，外壁露胎处见跳刀痕。胎色偏黄，胎质坚硬，胎壁较薄。青釉，外施釉不及底，有积釉，釉层均匀莹润，玻璃质感强，局部有开片。

153. 青瓷敞口大碗（TN07E04 ② ：118 ）

Celadon bowl

口径 18.5、底径 7.0、高 6.6 厘米

敞口，圆唇，弧腹，圈足，内底刮涩圈。施青釉，
外施釉两次，施釉不及底。

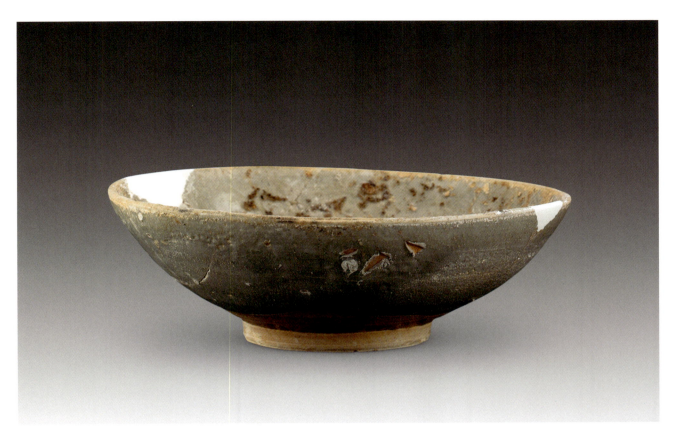

154. 青瓷敞口大碗（TN07E02 ② : 11）

Celadon bowl

口径 17.0、底径 6.8、高 6.0 厘米

敞口，方唇，弧腹，圈足宽而矮，内底刮涩圈。
灰白胎，胎质细腻，含少量细砂，内壁有大量土
沁和少量窑渣。青釉，釉面侵蚀，器物略变形。

 155. 青瓷碗（TN07E04 ②：136）

Celadon bowl

口径 16.8、底径 6.6、高 5.3 厘米

敞口，圆唇，斜弧腹，窄圈足，内底刮涩圈。外壁露胎处见跳刀痕。
灰胎质坚。青釉，外施釉不及底，釉层斑驳不均，内底粘连窑渣。

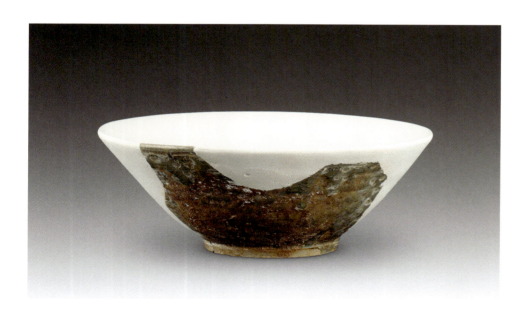

156. 青瓷碗（TN06E03 ②：647）

Celadon bowl

口径 15.0、底径 6.0、高 5.5 厘米

敞口，圆唇，深腹，腹壁斜直，矮圈足，挖足浅，
内底刮涩圈。青灰胎，胎质坚硬，胎体轻薄。青釉，
外施釉不及底，施两层釉，上层釉多有缩釉。

157. 青瓷莲瓣纹盏（TN06E03 ② : 701）

Celadon small bowl with lotus design

口径 12.0、残高 4.3 厘米

敞口，圆唇，斜弧腹，底残。外壁刻莲瓣纹一周，偏刀深挖，立体感强。青灰胎，胎质细腻。釉色青中泛灰，内底露胎，外施釉不及底，局部有开片，玻璃质感强，下端积釉。

158. 青瓷饼足盏（TN06E03 ② : 26）

Celadon small bowl with pie-shaped foot

口径 11.1、底径 4.2、高 4.1 厘米

敞口，圆唇，弧腹，饼足略内凹，足墙近直。青灰胎，胎质坚硬。青釉，内外底椭圆形露胎，釉层分布不均，积釉处呈青褐色。

159. 青瓷饼足盏（T06E03②：71）

Celadon small bowl with pie-shaped foot

口径 11，底径 3.8、高 4 厘米

敞口，弧腹，饼足。青灰胎，胎质细腻，
胎体坚硬。青釉偏灰，内满釉，外施
釉至下腹，施两层釉。

160. 青瓷饼足盏（TN07E04 ②：299）

Celadon small bowl with pie-shaped foot

口径 10.7、底径 3.9、高 3.7 厘米

敞口，尖圆唇，弧腹，饼足，足墙斜直，内底刮涩圈。青灰胎，胎质坚硬，胎体轻薄。青釉，外施釉近足根，釉层分布不均，内壁有多处落渣。

 161. 青瓷饼足盏（TN07E04 ② ：170 ）

Celadon small bowl with pie-shaped foot

口径 10.0、底径 3.8、高 4.8 厘米

敞口，圆唇，弧腹，饼足微内凹。灰白胎，胎壁薄，胎质坚硬。青釉偏黄，内底满釉，粘有窑渣，足部不施釉，多有缩釉。

162. 青瓷莲瓣纹盏叠烧（TN07E04 ② : 318）

Celadon bowl with lotus design

内盏口径 10.0、底径 2.8、外盏口径 11.2、底径 4.6、通高 5.6 厘米

两件叠烧。尖圆唇，斜弧腹，饼足微内凹。青灰胎，胎质坚硬。青
釉偏灰，内底圆形露胎，外施釉不及底，有积釉。

163. 青瓷高足杯（TN07E04 ② ：8）

Celadon cup with high foot

口径 9.0～9.8、底径 3.2、高 7.5 厘米

侈口，尖唇，微鼓腹，高柄足，足底旋削较深。胎质
洁白细腻，胎体坚硬。青釉，釉面有开片，器内外均
有流釉，积釉处墨绿色。口沿略变形。

 164. 青瓷高足杯（H1②：2）

Celadon cup with high foot

口径 10.8、底径 3.7、高 8.4 厘米

口微敛，尖圆唇，弧腹，喇叭形高足，足沿斜削，底面微内凹。青灰胎，胎质坚硬。青釉，内满釉，外施釉至足中，足部流釉。

 165. 青瓷折沿大盘（TN07E04 ② : 49 ）

Celadon plate

口径 22.4、底径 8.8、高 5.4 厘米

斜折沿，圆唇，浅弧腹，矮圈足，内底刮涩圈。
生烧，胎色黄褐色。青釉，外施釉不及底，施
两层釉，有细碎开片。

 166. 青瓷折沿大盘（TN07E03 ③：9）

Celadon plate

口径 18.8、底径 7.0、高 4.2 厘米

窄平折沿，圆唇，斜弧腹，圈足。内底粘连窑砂，
外壁露胎处见跳刀痕。青灰色胎，胎质坚硬。青釉，
外施釉不及底，釉层厚，均匀光亮，有稀疏开片。

167. 青瓷折沿大盘（TN06E03②：29）
Celadon plate

口径 20.4、底径 8.6、高 6.0 厘米

折沿，圆唇，浅弧腹，圈足，外足墙近直，内墙斜削，内底刮涩圈，外壁露胎处见跳刀痕。青灰胎，胎质细腻。青釉，外施釉不及底，釉层均匀，有开片。

168. 青瓷敞口大盘（TN06E03②：772）
Celadon plate

口径 18.0、底径 6.8、高 4.8 厘米

叠烧标本，上下两件，胎釉一致。灰白胎，胎体坚致，青釉泛灰，均匀莹润。上面一件仅存器底，内底刮涩圈，较规整，其上有刮釉和叠烧痕。下面一件相对完整，敞口，圆唇，斜弧腹，圈足，外壁见两层釉，下层釉薄，呈青色，上层釉厚，呈青白色，足端有流釉。

 169. 青瓷敞口大盘（H3 ① ：106）

Celadon plate

口径 23.2、底径 9.2、高 4.6 厘米

厚方唇，浅腹，上腹微弧，下腹急收，大圈足，
外足墙近直，内墙斜削。灰白胎，胎体厚而坚实。
青釉，内底满釉，外施釉近足根。

 170. 青瓷刻划花盘（TN06E03 ②：6）

Celadon plate with carved, incised decoration

底径 8.0、残高 3.3 厘米

腹底残片，斜弧腹，圈足。内底刻划花，外壁露胎处见
跳刀痕。灰白胎，胎质细腻坚硬。内满釉，釉层均匀莹润，
青釉有开片，外施釉不及底，可见两层釉，里层青白色
较薄，外层青釉较厚，轻微开片。

171. 青瓷折沿盘叠烧（TN06E02 ② : 108）

Celadon plate

口径 19.6、底径 7.6、通高 5.4 厘米

两件叠烧。斜折沿，圆唇，浅弧腹，圈足，外墙斜直，内墙浅削，挖足浅，内底刮涩圈。胎色泛黄，胎质细腻，胎体坚硬。外施釉不及底，玻璃质感强，积釉处呈深绿色，有线状开片。

172. 黑胎青瓷折沿盘（TN06E03 ① : 252）

Black stoneware with celaton glaze

残高 2.3 厘米

口沿残片。斜折沿，圆唇，浅弧腹，底残。灰黑胎，胎质细腻，胎体坚硬。青釉偏灰，釉色黯淡，有开片。

 173. 黑胎青瓷盘（TN07E02 ②：105）

Black stoneware with celaton glaze

底径 5.9、残高 1.5 厘米

仅存器底。圈足，外墙斜直，内墙斜削，挖
足浅，内底有圆形凸棱。灰黑胎，胎质细腻，
胎体坚硬。青釉，内底满釉，外施釉不及底，
有细碎开片。

174. 青瓷盘（TN06E03 ② : 274）

Celadon plate

口径 14.2、底径 7.0、高 4.2 厘米

敞口，圆唇，斜弧腹，矮圈足，内底刮涩圈。
灰白胎，胎质坚硬。釉色泛黄，外施釉近足底，
釉层均匀，有细碎开片。

175. 青瓷折沿碟（TN06E03 ② : 704）

Celadon saucer

口径 12.4、底径 4.6、高 3.2 厘米

折沿，圆唇，弧腹，圈足，外足墙近直，内墙斜削，
挖足浅，足心有乳状突，内底刮涩圈。青灰胎，胎质
细腻，胎体坚硬。青釉偏灰，外施釉不及底，釉层薄，
有积釉，有线状开片，玻璃质感强，透明度高。

176. 青瓷折沿碟（H3 ② : 2）

Celadon saucer

口径 10.6、底径 3.8、高 4.0 厘米

折沿，弧腹，饼足内凹，内底刮涩圈。青灰胎，
胎质细腻，胎体坚硬。青釉偏灰，釉层较厚，
局部有深绿色积釉，有稀疏开片。口沿处粘有
少量窑渣，略变形。

 177. 青瓷莲瓣纹束口钵（TN06E03 ②：577）

Celadon bowl with bundled mouth and lotus design

口径 12.0、底径 5.2、高 6.1 厘米

束口，圆唇，折肩，斜弧腹，饼足，足心略内凹，内底刮涩圈。肩部以下刻莲瓣纹一周。青釉，外施釉不及底，釉层较厚，外壁有细小开片，内壁有落渣。

178. 青瓷莲瓣纹钵（TN07E04 ②：224）

Celadon bowl with lotus design

底径 7.2、残高 3.2 厘米

口沿及上腹部残。折腹，圈足。外壁刻莲瓣纹。青灰胎，胎质细腻，胎体坚硬。青釉，釉层薄，玻璃质感强，有细碎开片。

179. 青瓷直口钵（TN07E02 ②：152）

Celadon bowl with vertical mouth

口径 15.0、底径 7.6、高 7.2 厘米

敛口，方唇，深弧腹，平底，圈足，略变形。内底有弦纹一道。灰胎，胎体厚重。青釉泛灰，芒口，内满釉，外施釉至圈足，釉层均匀，玻璃质感强，有开片。

 180. 青瓷钵（TN06E03②：82）

Celadon bowl

底径 8.4、残高 6.0 厘米

口残。鼓腹，圈足，挖足较深。外壁刻莲瓣纹一周。圈足外刮釉斜削一周。灰白胎，胎体厚重。青釉泛灰，内满釉，外施釉至圈足，釉层均匀，有细碎开片，局部有缩釉。

181. 青瓷执壶（TN07E02②：64）

Celadon ewer

残高 10.8 厘米

口残。溜肩，长鼓腹。生烧，黄褐色胎。青釉偏黄，内壁不施釉，釉层透明度高，玻璃质感强，有细碎开片。内壁可见接胎痕迹。

182. 青瓷瓶（TN07E02 ② : 205）

Celadon vase

口径 4.8、残高 7.5 厘米

小口，厚方唇，唇沿略内凹，束颈，溜肩，肩部有一凸棱，肩部以下残。黄褐色胎，胎质略粗。青釉偏黄，釉色透亮，玻璃质感强，局部有开片。

183. 青瓷罐（TN06E02 ② : 55）

Celadon jar

口径 7.2、残高 6.6 厘米

口部微侈，圆唇，束颈，鼓腹，底残。灰胎，胎质坚硬。青釉，内满釉，外施釉不及底，釉层较薄，斑驳不均，表面有落渣。

 184. 青瓷器盖（TN06E03 ② : 201）

Celadon cover

盖面径 14.2、残高 2.8 厘米

弧顶，直口，方唇，纽残。胎色偏黄。青
釉泛灰，盖面满釉，盖内无釉，釉层均匀，
玻璃质感强，开片，局部有缩釉。

 185. 青瓷器盖（H3 ①：131）

Celadon cover

盖径 16.0、高 5.2 厘米

窄圆弧顶，圆柱状纽，外沿斜削，纽心内凹。胎色偏白，胎体厚重。釉色青中泛灰，盖内无釉，釉层均匀，玻璃质感强。盖面刻划三道凹弦纹。

三 酱釉瓷

Wares with dark redish brown glaze

186. 酱釉大碗（TN07E03 ② : 84）

Bowl with dark redish brown glaze

口径 21.6、底径 8.4、高 6.9 厘米

敞口，圆唇，弧腹，圈足。胎色洁白细腻，胎
体坚硬。酱釉，釉色酱绿色，兔毫状。

187. 酱釉大碗（TN07E03 ②：103）

Bowl with dark redish brown glaze

口径 19.6、底径 7.5、高 6.5 厘米

敞口，圆唇，弧腹，圈足。灰白胎，胎体坚硬。酱红色釉，内外皆近圆形露胎。

 188. 酱釉大碗（H3 ① ：172）

Bowl with dark redish brown glaze

口径 21.2、底径 8.7、高 7.2 厘米

敞口，圆唇，弧腹，圈足。米白色胎，胎质坚硬细腻，含少量细砂。酱釉，内外不规则露胎。

 189. 酱釉大碗（TN07E03 ③ ：10）

Bowl with dark redish brown glaze

口径 16.6、底径 7.8、高 6.0 厘米

敞口，圆唇，深弧腹，矮圈足，足墙近直。外壁见跳刀痕。略生烧。胎色黄褐色，胎体疏松。酱釉偏青，内底圆形露胎，外施釉不及底，流动性强，积釉处呈深褐色，有开片。

 190. 酱釉盏（TN06E03 ②：3）

Small bowl with dark redish brown glaze

口径 10.4、底径 3.8、高 3.7 厘米

敞口，尖圆唇，弧腹，饼足，足墙斜直，平底。
青灰胎，胎质细腻，胎体轻薄。酱釉，内外底近
圆形露胎，釉层流动性强，积釉处呈黑褐色。

 191. 酱釉盏（TN06E03 ② ：564 ）

Small bowl with dark redish brown glaze

口径 11.3、底径 4.4、高 4.3 厘米

敞口，尖圆唇，弧腹，饼足，足墙斜直，平底。内底有圆形叠烧痕，外露胎处有跳刀痕。青灰胎，胎质细腻，胎体轻薄。内外底近圆形露胎，釉层薄，釉色酱褐色，玻璃质感强，透明度高。

192. 酱釉盏（TN06E03 ② ：170 ）

Small bowl with dark redish brown glaze

口径 10.8、底径 3.8、高 3.5 厘米

敞口，斜弧腹，饼足。白胎，胎质细腻。内底椭圆形露胎，外壁露胎处有跳刀痕。酱釉，外施釉不及底，釉层厚薄不一，呈兔毫状，积釉处色近黑。

 193. 酱釉盏（TN07E04 ② : 9 ）

Small bowl with dark redish brown glaze

口径 10.4、底径 3.8、高 4.0 厘米

敞口，圆唇，弧腹，饼足微凹。内外底近椭圆形露胎。胎质洁白细腻，胎体坚硬。酱釉，釉色红褐色略泛黄，积釉处呈黑褐色。

 194. 酱釉执壶（TN06E03 ② ： 42 ）

Ewer with dark redish brown glaze

口径 5.6、残高 6.4 厘米

直口，方唇，溜肩，鼓腹，下腹部及底部残，条形系。灰白胎，胎质细腻，胎体坚硬。酱釉，釉色偏青，内外壁均施釉，流动性强，釉层稀薄处可见白色胎体。

 195. 酱釉执壶（TN06E03 ② ：14）

Ewer with dark redish brown glaze

口径 7.4、最大腹径 12.4、残高 10.7 厘米

直口，厚方唇，粗颈，鼓腹，底残，曲管状流，条
形系残。青灰胎，胎质细腻，胎体坚硬。酱釉，口
沿刮釉，内壁施釉，釉色明亮，玻璃质感强，釉面
光洁，外壁施釉至腹中部，一侧釉色呈酱褐色，另
一侧呈青绿色，表面多有缩釉，斑驳不平。

 196. 酱釉灯盏（TN06E02 ② ∶ 80）

Lamp bowl with dark redish brown glaze

口径 7.8、底径 3.5、高 2.4 厘米

敞口，平沿，斜直腹，平底。灰白胎，胎壁较厚，
胎质坚硬。仅内壁施酱釉，釉层均匀。

 197. 酱釉灯盏（TN07E04 ② : 4）

Lamp bowl with dark redish brown glaze

口径 7.8、底径 2.4、高 2.4 ～ 2.8 厘米

圆唇，微弧腹，平底微凹。灰胎，胎质坚硬。仅内壁施
酱釉，釉色呈黑褐色。内外壁粘较多窑渣，器物略变形。

198. 酱釉灯盏（H3 ① : 2）

Lamp bowl with dark redish brown glaze

口径 8.2、底径 3.5、高 2.0 厘米

敞口，厚方唇，斜直腹，饼足微内凹。胎质洁
白细腻，胎体坚硬。仅内壁施酱釉，积釉处釉
色呈深褐色，外部有黄褐色土沁。

199. 酱釉灯盏（TN06E03 ②：710）

Lamp bowl with dark redish brown glaze

口径 7.8、底径 2.8、高 2.4 厘米

敞口，斜弧腹，平底。白胎，胎质细腻，胎体坚致。仅内壁施酱釉，釉层匀净，可见跳刀痕和修坯痕。

200. 酱釉灯盏（TN06E03 ①：2）

Lamp bowl with dark redish brown glaze

口径 8.2、底径 3.5、高 2.0 厘米

敞口，方唇，斜弧腹，饼足略内凹。青灰胎，胎质细腻。施双层釉，仅内底施釉，底层釉为青白釉，有细碎开片，上层釉为青釉，釉层分布不均，有缩釉，釉色黯淡，有细碎开片。

四 双釉瓷

Bicolor glazed porcelain

201. 双釉芒口碗（TN07E04 ② ：231）

Bowl with bicolor glazes and unglazed mouth rim

口径 14.4、底径 5.0、高 4.9 厘米

敞口，方唇，斜弧腹，矮圈足，内底微凹。灰胎，胎壁较薄，
胎质坚硬。内外双色釉，芒口，内施青釉，外施酱釉不
及口沿，足满釉，釉层均匀。

 202. 双釉芒口碗（TN06E03②：449）

Bowl with bicolor glazes and unglazed mouth rim

口径 14.6、残高 4.3 厘米

敞口，方唇，斜弧腹，底残。灰白胎，胎体坚硬。内外双釉，芒口，内施青白釉，均匀莹润，外施青釉，积釉处呈黑色。

 203. 双釉芒口碗（TN07E04 ②：168）

Bowl with bicolor glazes and unglazed mouth rim

口径 15.4、底径 5.2、高 4.6 厘米

斜折沿，尖唇，弧腹，矮圈足。青灰胎，胎质细腻，胎体坚硬。
内外双釉，芒口，内施青釉，乳浊状，釉色不均，透明度低，
外折沿下满施酱釉，流动性大，分布不均，积釉处呈黑褐色。

204. 双釉芒口钵（H3 ① : 231）

Bowl with bicolor glazes and unglazed mouth rim

口径 14.0、底径 8.0、高 5.2 厘米

直口，平沿，弧腹，上腹近直，下腹弧收，圈足。胎色白，
胎体厚重。内外双色釉，芒口，内满施青白釉，釉层均匀，
内底略积釉，外施酱釉不及底，釉层厚薄不均。

 205. 双釉壶（TN06E03②：58）

Pot with bicolor glazes

口径 6.2、底径 6.0、高 10.7 厘米

直口，口沿斜削，矮粗颈，鼓腹，圈足，足心有乳状突，条形系残，曲管状流略残，腹部有两道凹弦纹，外壁露胎处可见跳刀痕。胎色偏黄，胎体厚重。内外双色釉，芒口，内壁施青白釉，外施酱釉近圈足，酱釉施釉不均，釉色偏绿。

 206. 双釉壶（TN06E03②：115）

Pot with bicolor glazes

口径 5.7～6.6、底径 5.8、高 10.7 厘米

口沿略变形。直口，厚方唇，矮粗颈，鼓腹，圈足，外足墙近直，足墙斜削，足心有乳状突，曲管状流，条形系，另外两侧肩部各置一条形纽。青灰胎，胎质细腻，胎体厚重。内外双釉，口沿刮釉，内壁及底部满施青白釉，釉色莹润有光泽，有开片，外壁施酱釉至足根，釉色泛青，釉层分布不均，积釉处呈黑褐色，腹部粘结酱釉瓷残片。

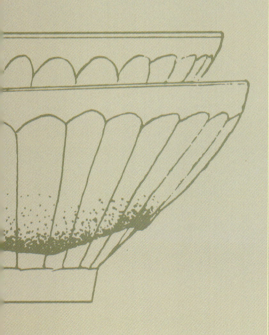

五 建筑用瓷

Ceramics as architectural material

207. 建筑构件（TN07E02 ② : 25）

Architectural components

口径 14.8、腹径 15.8、底径 15.0、高 23.8 厘米

直筒形，腰部略收，下腹微外弧，上下方唇。拉坯成型，外壁近底处可见跳刀痕，内壁有较多刮划痕。腹中一周刻四个长条形镂孔。灰白胎泛黄，胎体厚重，素胎。

 208. 板瓦（TN07E04 ①：78）

Plate tile

残长 9.7、残宽 12.0、厚 0.9 厘米

一侧有整齐的切割痕。体厚而坚实。内壁露胎。
外施青白釉，釉层薄而均匀，透明度高，可见
釉下胎体，近底处积釉呈天青色。

 209. 板瓦（TN07E04 ① ：39）

Plate tile

残长 9.2、残宽 9.6、厚 1.2 厘米

腹片，近直，一侧有整齐的切割痕，内壁
有明显的修胎痕。灰白胎，胎质坚硬厚重。
外壁施青白釉，釉层较薄，有刮痕。

210. 板瓦（TN06E02 ① ：29）

Plate tile

最宽处 16.0、高 23.8 厘米

上宽下窄，上部胎薄，向下逐渐增厚，两侧可
见明显的切割痕。胎色偏黄，胎体厚重。口沿
及内侧有落灰釉。下部粘有窑砂。

211. **"元"字板瓦**（TN06E02 ②：92）

Plate tile showing character "元"

残长 15.5、宽 14.4 厘米

截面呈四分之一圆弧形，应为空心圆柱体一分为四切
割而成，两侧有较规整的切割痕，上窄下宽，内壁刻
"元"字，内外均见拉坯形成的弦纹。

212. "月"字板瓦（TN07E04 ②：161）

Plate tile showing character " 月 "

残长 15.0、宽 14.7 厘米

截面呈四分之一弧形，可能由直筒型切割一分
为四而成，两侧有明显的切割痕，内壁残留部
分刻 "月" 字，粗瓷胎，上薄下厚，胎体厚重。

213. 筒瓦（TN07E04 ①：28）

Semicircular tile

残长 9.6 厘米

一侧有整齐的切割痕。内壁可见清晰的旋削痕迹。瓦舌残。青灰胎，胎质细腻，胎体厚重。内壁露胎，外施青白釉，釉层薄而均匀，可见釉下胎体。

214. 筒瓦（TN07E02 ②：114）

Semicircular tile

残长 10.6 厘米

整体呈半筒形，内侧有轮制痕，侧面有由内而外的线切割痕，前端有瓦舌，瓦舌较窄，瓦舌中部有一孔，下端残。灰白胎，胎体厚重。外施青白釉，瓦舌及内侧不施釉，釉层较薄，玻璃质感强，有细碎开片。

 215. 筒瓦（TN07E02②：95）

Semicircular tile

底径 12.8、残高 12.6 厘米

口残缺。直筒状，中空，腹壁近直。内壁见拉坯
形成的轮制痕，上部见套烧痕迹。灰白胎，胎质
坚硬。外施青白釉，内侧、底部不施釉，釉层薄
而均匀，略开片，玻璃质感强，底部积釉。

六 窑具及制瓷工具

Ceramics as kiln furniture and potter's tools

216. 擂钵（TN07E02 ② : 230）

Graining bowl

口径 22.2、底径 11.0、高 12.9 厘米

敛口，斜方唇，深弧腹斜收，卧足，内壁刻槽。灰胎泛黄，胎体厚重，通体不施釉。

 217. 轴顶帽（H3 ① ：77）

Ceramic piece between a potter's wheel and it axis

直径 7.3、高 3.0 厘米

整体呈圆柱体，顶面平，底面内凹，底面中心有圆形凹坑。顶面施青白釉，生烧，釉色黯淡无光泽。

 218. 柱状支烧具（TN07E03 ① ：74）

Column-shaped kiln furniture for supporting objects during firing

顶面外径 9.4、顶面内径 7.0、底面外径 11.8、底面内径 9.9、高 10.4 厘米

柱状，中空，上细下粗，外腹壁近直，中部微收。灰白胎，胎质细腻，胎体厚重。通体不施釉。内壁可见拉坯形成的弦纹。外壁多有褐色铁斑。

219. 垫柱（TN08E04（H1 ② ：114）

Column-shaped kiln furniture for supporting objects during firing

顶面径 12.2、高 9.5 厘米

敛口，曲腹内收，平底，顶部内凹并粘连一圆形垫饼残片，中心有穿孔。粗瓷质，含杂质较多，因火候不足而呈砖红色，局部有滴釉和窑渣。

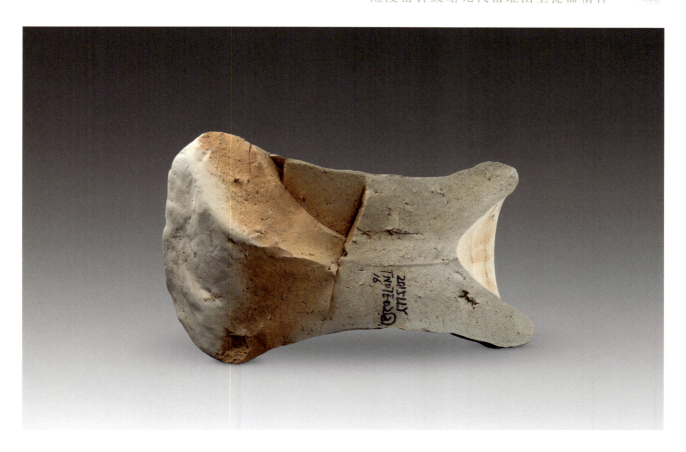

220. 垫柱（TN07E02 ② : 16）

Column-shaped kiln furniture for supporting objects during firing

顶面径 10.6、底径残宽 11.6、高 20.1 厘米

圆唇，长束腰，下腹部鼓起弧收，底足因插入窑砂中而
生烧，顶面为圆锥状，内腹浅而小，足实心而高。瓷胎，
胎体中含较少的细砂，胎色洁白，胎质细腻。

221. 垫柱（TN06E02 ②：37）

Column-shaped kiln furniture for supporting objects during firing

顶面径 8.7、高 11.4 厘米

平顶，腹壁呈喇叭状，圜底。青灰胎，胎质细腻，底部生烧而呈黄褐色。顶面及腹壁多有窑汗及褐斑。

 222. 垫柱（TN07E04 ① ：119）

Column-shaped kiln furniture for supporting objects during firing

顶面径 8.8、底径 8.6、高 8.0 厘米

顶面弧，束腰，平底微内凹。灰白胎，胎质细腻，胎体厚重，底部生烧而呈黄褐色。表面多有褐斑。顶面有垫烧痕迹。

 223. 垫钵（H3 ② : 3）

Bowl-shaped kiln furniture for supporting objects during firing

口径 9.3、底径 7.3、高 5.6 厘米

方唇略内收，上腹微鼓，下腹内弧收，平底微内凹，内
弧底。青灰胎，胎体坚硬。

 224. 垫钵（TN07E02②：23）

Bowl-shaped kiln furniture for supporting objects during firing

口径 17.8、腹径 18.4、底径 8.8、高 12.8 厘米

敛口，方唇，上微鼓腹，中部偏下束腰，下腹束收，平底，内弧。灰白胎，胎质细腻纯净，胎体火候偏低。器口沿粘有青白釉，应是垫烧时留下的。

 225. 垫钵（TN06E02 ①：172）

Bowl-shaped kiln furniture for supporting objects during firing

口径 9.0、底径 5.3、高 2.6 厘米

尖圆唇，弧腹束收，平底略内凹，内底近平。青灰胎，胎体坚硬。内底有垫烧痕迹，器表有青白釉斑和褐斑。

226. 垫钵（TN07E03 ①：9）

Bowl-shaped kiln furniture for supporting objects during firing

口径 8.4、底径 5.2、高 2.5 厘米

弧腹束收，平底略内凹。顶面弧。胎黄褐色，胎质坚硬。底面有垫烧痕迹，器表有褐斑和青白釉斑。

 227. 垫钵（TN07E04 ①：94）

Bowl-shaped kiln furniture for supporting objects during firing

顶面内径 10.5、顶面外径 13.2、底径 8.5、高 6.0 厘米

厚方唇，顶面凹弧，斜弧壁束收，平底略内凹。青灰胎，胎质粗，胎体坚硬，底部生烧而呈黄褐色。顶面有一层瓷泥粘连。

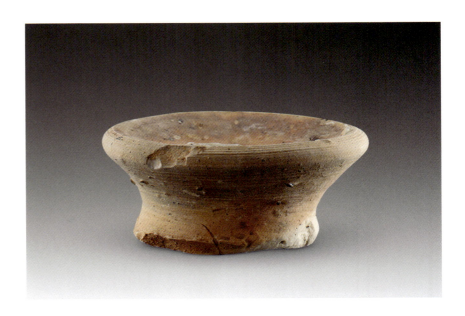

228. 垫钵（TN06E02 ①：173）

Bowl-shaped kiln furniture for supporting objects during firing

口径 10.8、底径 7.6、高 4.3 厘米

顶面弧，弧腹束收，平底微内凹。青灰胎，底部因置于窑砂中生烧而呈黄褐色，顶面有叠烧痕迹，器表有褐斑和青白釉斑。

 229. 垫钵（TN07E04 ①：11）

Bowl-shaped kiln furniture for supporting objects during firing

口径 15.0、底径 9.0、高 4.5 厘米

厚方唇，弧腹束收，平底微内凹，弧形顶。青灰胎，胎质细腻，胎体厚重，底部因置于窑砂中而生烧。器表有褐色铁斑，顶面有垫烧痕迹。

 230. 垫钵（TN08E03 ①：3）

Bowl-shaped kiln furniture for supporting objects during firing

顶面径 13.2、底面径 8.5、高 4.6 厘米

厚圆唇，浅弧顶，腹壁斜直，平底内凹。黄褐色胎，胎质粗疏，底部生烧呈粉砂状。顶面有叠烧痕迹，顶面和底面粘有窑砂。

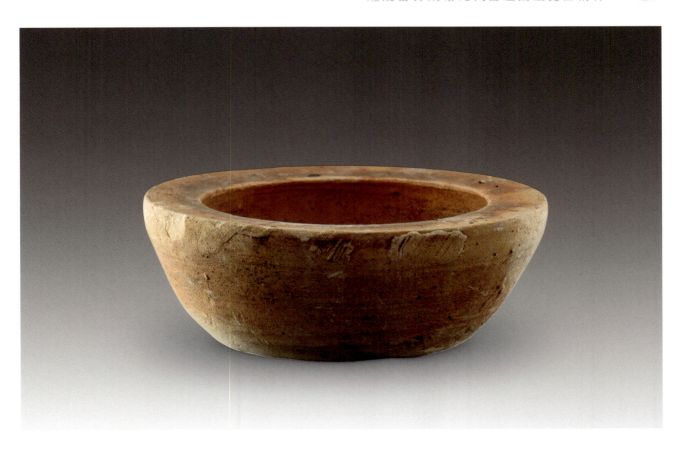

231. 垫钵（TN06E02 ①：59）

Bowl-shaped kiln furniture for supporting objects during firing

口径 12.5、底径 7.8、高 4.6 厘米

顶面平，弧腹，平底略内凹。胎质细腻，生烧整体呈黄褐色。

232. 漏斗状匣钵（TN07E04 ②：82）

Funnel-shaped saggar

口径 11.5、底径 4.4、高 10.3 厘米

直口，方唇，深腹，上腹近直，下腹斜折收，小平底。
器表及内壁有拉坯痕迹。上腹胎色呈紫褐色，下腹呈青
灰色，胎体粗疏。器内底置砂，内壁粘有器物口沿残片，
器外壁有落灰釉。

 233. 漏斗状匣钵（TN06E02 ② ：25）

Funnel-shaped saggar

口径 10.8、残高 9 厘米

直口，方唇，深腹，下腹折收，底残。胎体粗疏。

234. 匣钵盖（TN06E02 ② ：93）

Sagger cover

直径 14.0、厚 1.6 厘米

饼形，捏制而成，顶面平凹，底面弧凸，厚薄不一，
边缘不规整，留有指窝和指纹。灰胎，胎体粗疏。
顶面有釉斑。

235. 支圈（TN07E04 ②：154）

Ring-shaped kiln furniture for supporting objects during firing

直径 16.0～16.2、残高 6.2 厘米，支圈外瓷泥厚度约 0.25 厘米左右。

覆烧组合窑具，四层支圈连在一起，底层支圈略宽，其余支圈大小相近。外抹瓷泥将支圈粘连形成整体。呈筒状，外壁微弧。灰白胎，胎质细腻，胎体坚硬，每层支圈以瓷泥点连接，断面呈 L 形。

236. 支圈（TN07E04 ②：323）

Ring-shaped kiln furniture for supporting objects during firing

直径 16.6、残高 6.0 厘米，支圈外瓷泥厚度约 0.2 厘米

覆烧组合窑具，四层支圈连在一起，大小相近。外抹
瓷泥形成整体，瓷泥表面多有裂纹。呈筒状，外壁近直。
灰白胎，胎质细腻，胎体坚硬。每层支圈均由瓷泥点
连接，支圈断面呈 L 形。

237. 支圈 (TN06E02 ② : 88)

Ring-shaped kiln furniture for supporting objects during firing

直径 16.8、残高 3.2 厘米、外壁瓷泥厚度约 0.2 厘米

两个支圈叠摞，外壁抹一层瓷泥用于粘结密封。整体呈筒形，外壁近直，底层支圈略宽，每层支圈呈 L 形。灰白胎，胎质细腻。

238. 支圈（TN07E04②：326）

Ring-shaped kiln furniture for supporting objects during firing

直径 15.5、残高 9.4 厘米，外壁瓷泥厚度约 0.2 厘米

七个支圈叠摞，外壁抹瓷泥一层用于固定密封。整体呈筒状，外壁近直，底部外撇，每层支圈呈 L 形。灰白胎，胎质细腻，外壁可见拼接痕，内壁底层和顶层支圈可见瓷泥接缝处，外壁局部有酱釉斑。

239. 支圈组合窑具（Y15 采：3）

Kiln furniture

支圈口径 11.6、垫钵底径 7.2、通高 7.0 厘米

垫钵与支圈组合，底部垫钵宽平沿，敛口，斜弧腹，圜底。垫钵上存一层支圈，支圈断面呈 L 形。生烧，胎呈黄褐色。

240. 瓷泥窑具（TN06E03 ② : 203、TN06E03 ② : 113）

Porcelainous kiln furniture

TN06E03 ② : 203，棒形，上细下粗，实心，一侧有不规则形凹陷，并粘连窑渣，表面不太平整。胎色灰黄，坚致厚重。表面不施釉，局部粘连有釉斑。高 7.4 厘米。

TN06E03 ② : 113，棒形，上细下粗，实心，一侧有不规则凹陷，表面整体凹凸不平。胎色米黄，坚致厚重，表面不施釉，局部粘连点釉。高 7.7 厘米。

 241. 垫饼（TN06E03 ② ： 202）
Disc-shaped setter

顶面径 8.0、底径 9.6、高 3.2 厘米

内底深凹，平底微凹，口大底小，斜直
腹。粗瓷质，略生烧呈黄褐色胎。

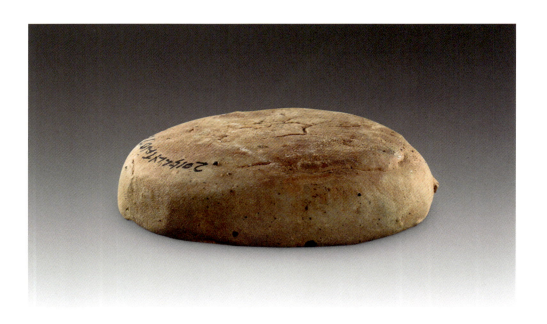

 242. 垫饼（TN07E04 ① ： 22）
Disc-shaped setter

顶面径 10.0、高 2.8 厘米

顶面平，弧壁，下底弧。青灰胎，
胎体厚重。顶面有垫烧痕。

 243. 垫饼（TN07E02 ② : 5）

Disc-shaped setter

顶面径 10.6、底面径 9.6、高 3.4 厘米

顶面和底面平，微内凹，腹壁微鼓。灰白胎，胎质细腻。

 244. 垫饼（TN07E02②：21）

Disc-shaped setter

顶面径 8.6、底径 8.0、高 2.7 厘米

圆饼状，顶面和底面平，微内凹，弧腹下部微束。表面有拉坯痕迹。粗瓷质，胎色灰黄，胎体厚重。局部有窑渣和釉斑。

245. "孝"字垫饼（Y15 采：2）

Disc-shaped setter showing character "孝"

顶面直径 7.1、底面直径 6.4、高 3.4 厘米

顶面平，上刻一"孝"字，底平，有火石红，
无垫烧痕迹。略生烧，白胎偏黄。

246. 垫饼（TN07E04 ② ：198、H3 ① ：194）

Disc-shaped setter

TN07E04 ② ：198，造型较随意，下部呈圆弧底，上部形状不规则，两面均有指痕纹。灰白胎，顶面有垫烧痕。最大径 10.1、高 1.6 厘米。

H3 ① ：194，垫饼，近圆形，造型随意，顶两侧均有指痕纹，顶面不平，有叠痕。灰白胎，胎质粗疏，局部有釉斑。最大径 9.1、厚 1.7 厘米。

 247. 垫饼（TN07E03 ② ：49、H1 ② ：5）

Disc-shaped setter

TN07E03 ② ：49，由碗或盘底残片加工而成，将带釉部
分削去。顶面微内凹，圈足。灰白胎，胎质细腻，局部
有青白釉残留，顶面有叠烧痕迹。顶面径7.6、底径8.0、
最大腹径8.2、高1.4厘米。

H1 ② ：5，顶部微内凹，圈足。胎色洁白，胎质坚硬。
顶面径7.1、最大腹径7.7、底径5.8厘米。

 248. 垫饼（TN06E03 ② : 108、TN06E03 ① : 10）

Disc-shaped setter

TN06E03 ② : 108, 由器底修整而成, 近圈足处斜削一周。顶面呈凹弧形, 挖足浅。外侧可见跳刀痕。胎色近白, 胎质细腻, 胎体厚重。青白釉, 内底圆形釉圈, 其它部位露胎。顶面径 7.1、底径 6.1、最大腹径 7.5、高 1.6 厘米。

TN06E03 ① : 10, 由器底修整而成, 顶面呈凹弧形, 圈足挖足较浅, 灰白胎, 局部呈红褐色, 胎质坚硬。局部有青白釉斑。顶面径 5.5、最大腹径 6.7、底径 6.6、高 1.4 厘米。

249. 垫饼（TN06E02 ② : 2）

Disc-shaped setter

顶面径 7.2、底面径 7.2、高 2.0 ～ 2.9 厘米

顶面微凹，直壁微弧，底面平。灰胎，胎
质坚硬。表面多有落灰釉。顶面有垫烧痕，
底面粘连大块瓷泥，呈黄褐色。

 250. 垫饼（TN07E03 ②：12、H3 ①：193）
Disc-shaped setter

TN07E03 ②：12，平顶，斜直壁，平底微内凹。灰黄胎，胎质细腻，胎体坚硬。两面均有火石红。顶面径5.6、底径6.0、高1.6厘米。

H3 ①：193，顶面微凹，斜直壁，平底。灰黄胎，略生烧。顶面径5.3、底径4.5、高2.1厘米。

 251. 垫饼（TN06E02 ②：150、TN07E02 ②：226）
Disc-shaped setter

TN06E02 ②：150，圆饼形，捏制而成，整体呈圆形，表面有明显的指痕纹。胎色偏白。长6.4、宽6.5、厚1.0厘米。

TN07E02 ②：226，圆饼状，捏制而成，边缘圆钝，表面布满指痕纹。胎色偏黄，胎体坚硬。面径5.2、厚1.1厘米。

 252. 垫圈（TN06E03②：334、TN07E03②：2）

Ring-shaped setter

TN06E03②：334，圆环状，顶面平，内外壁近直，平底。白胎，胎质细腻，胎体坚硬。顶面外径 6.4、顶面内径 4.3、底面外径 6.8、底面内径 4.8、高 1.2 厘米。

TN07E03②：2，圆环状，顶面窄，外壁斜直，内壁近直，平底。旋削不规整，外壁可见跳刀痕。灰白胎，胎质粗疏。局部有青灰釉斑。顶面外径 4.8、顶面内径 4.0、底面外径 7.3、底面内径 3.7、高 1.8 厘米。

 253. 垫圈（TN07E03 ② : 1）

Ring-shaped setter

顶面外径 8.9、顶面内径 5.3、底面外径 8.9、
底面内径 6、高 2.5 厘米

圆环状，平顶，内外壁近直，平底。白胎，
胎质略粗，胎体坚硬。局部有釉斑。顶面和
底面均有垫烧痕迹。

 254. 垫圈（TN08E04 ① : 12）

Ring-shaped setter

顶径 4.7、底径 4.8 厘米

顶面平，外壁旋削呈多棱状，内壁近直，
底平。青灰胎，胎质细腻，胎体轻薄。

255. 垫圈（TN07E03 ②：11）

Ring-shaped setter

口径 5.8、腹径 6.7、高 4.0 厘米

顶面平，壁弧，底面内凹，内壁斜直。灰胎，
胎质较粗，胎体厚重。素胎无釉，局部
有釉斑。顶面粘连一器底，斜腹，饼足。
白胎，青白釉，下底亦有叠烧痕迹。

 256. 垫圈（TN07E02 ② : 158、TN07E03 ② : 179 ）

Ring-shaped setter

TN07E02 ② : 158，圆环状，顶面和底面近平。胎色白，胎质细腻，
胎体坚硬。顶面外径 6.7、顶面内径 4.7、底面外径 7.1、底面内
径 4.6、高 2.8 厘米。

TN07E03 ② : 179，圆环状，顶面和底面平，外壁斜直，内壁微弧。
胎色偏黄。顶面外径 5.4、顶面内径 4.4、底面外径 5.6、底面内
径 4.3、高 1.9 厘米。

 257. 火照（1组）

Pyrometers

由青白瓷碗或折沿盘切割而成，呈上宽下窄的梯形，口沿下方有圆形钩孔。TN06E02②：298，钩孔下刻"乙"字，长5.7、宽2.1～3.5厘米、厚0.35～0.45厘米。TN07E04②：233，钩孔有一刻划符号，形似侧置的数字"7"，长5.4、宽2.1～3.3、厚0.3～0.45厘米。TN06E02②：28，钩孔下刻一"乙"字，长5.7、宽1.8～3.2、厚0.3～0.5厘米。TN06E03②：456，钩孔下刻划一竖线，长5.6、宽1.7～2.9、厚0.35～0.45厘米。TN08E03H3①：267，长5.5、宽2.2～3.9、厚0.4～0.45厘米。

 258. 火照（2组）

Pyrometers

由青白瓷碗切割而成，呈上宽下窄的梯形，口沿下方有圆形钩孔。
TN06E02②：115，钩孔下刻划符号，形似数字"7"，长5.6、宽1.9～3.6、
厚0.3厘米。TN06E02②：8，钩孔下刻"乙"字，长5.6、宽1.8～3.0、厚0.35
厘米。TN06E03②：27，钩孔下刻"十"字，长5.6、宽1.8～2.6、厚0.3～0.45
厘米。TN06E03②：35，钩孔下刻"十"字，长5.4、宽1.4～2.8、厚0.35厘米。
TN06E02②：9，钩孔下刻"乙"字，长5.6、宽2.4～3.4、厚0.3～0.55厘米。

 259. 火照（3组）

Pyrometers

由青白瓷碗切割而成，呈上宽下窄的梯形，口沿下方有圆形钩孔。
TN06E03②：24，长6.4、宽2.7～3.1、厚0.35～0.65厘米。TN06E03②：248，
外壁刻莲瓣纹，长6.5、宽1.9～3.1、厚0.35～0.8厘米。TN06E03②：392，长7.2、
宽2.2～3.6、厚0.3～0.6厘米。TN06E03①：13，内壁下方有刻划符号，长6.8、
宽2.8～3.7、厚0.35～0.6厘米。TN06E03②：336，外壁刻莲瓣纹，长6.5、宽
2.0～3.8、厚0.3～0.7厘米。

 260. 火照（4组）

Pyrometers

由青白瓷碗或折沿盘切割而成，呈上宽下窄的梯形，口沿下方有圆形钩孔。
TN07E04 ①：68，长 6.7、宽 2.1～3.7、厚 0.45～0.75 厘米。TN07E04 ②：209，
钩孔下刻"乙"字，灰白胎，青白釉，底部略生烧，长 7.0、宽 1.7～3.4、厚 0.35～0.7
厘米。TN06E03 ②：33，钩孔下刻"乙"字，长 6.0、宽 2.4～3.9、厚 0.3～0.6 厘
米。H3 ①：251，钩孔下刻"乙"字，长 6.8、宽 1.75～3.5、厚 0.3～0.65 厘米。
TN06E03 ②：36，钩孔下刻"乙"字，长 5.9、宽 2.0～4.0、厚 0.35～0.45 厘米。

 261. 火照（5组）
Pyrometers

由青白瓷碗切割而成，呈上宽下窄的梯形，口沿下方有圆形钩孔。TN06E03①：233，
钩孔下刻划符号，形似未完成的"甲"字，长 6.2、宽 2.2～3.6、厚 0.3～0.55 厘米。
H3①：252，长 5.8、宽 1.9～4.0、厚 0.3～0.7 厘米。H3①：253，内壁下部刻两
道弦纹，外壁下刻划符号，形似数字"6"，长 6.6、宽 2.2～2.6、厚 0.3～0.75 厘米。
TN07E04①：21，长 6.2、宽 1.5～3.4、厚 0.3～0.55 厘米。Y15 采：4，内壁釉上刻"向
记"二字。残长 6.0、残宽 2.1～3.3、厚 0.3～0.55 厘米。

 262. 火照坯底（TN07E02②：101）

Bottom of bowl used as pyrometer

底径 6.8、高 2.4 厘米

碗底，斜腹，矮圈足，足心略外凸，内腹可见切割火照留下的刻槽痕十四个，长短深浅宽窄不一。胎色偏白，胎质细腻坚致。内外均未施釉。

 263. 青白瓷火照坯底（TN07E04②：99）

Bottom of *Qingbai* bowl used as pyrometer

残口径 6.4、高 2.5 厘米

敞口碗底部，圈足，内底刮涩圈，有数道切割火照留下的刻槽。生烧，胎体呈黄褐色。青白釉。

 264. 青白瓷火照坯底（TN07E04②：53）

Bottom of *Qingbai* bowl used as pyrometer

残口径 8.8、底径 6.4、高 2.3 厘米

碗底，圈足，内腹可见切割火照留下的刻槽
痕十五个，长短深浅宽窄不一，内底刮涩圈
露胎。青白釉，外腹下部及底足无釉。

编后记

一直以来，提到醴陵窑，多数人想到的是其最辉煌的部分——清末至民国时期的醴陵釉下五彩瓷，但醴陵窑的历史远不止此。2010 年，为配合浏醴高速公路的建设，我们在醴陵市枫林市乡发掘了一座宋元时期的窑址，首次把醴陵窑的始烧年代上溯至南宋晚期。2015 年，我们对沩山钟鼓塘窑址的主动性发掘，则是为了进一步廓清宋元时期醴陵窑的文化内涵。

因忙于其他项目的考古发掘，导致 2015 年度的发掘材料耽搁至 2018 年下半年才有时间着手整理，整理的过程中，我们发现虽然这座窑址年代可以锁定在元代，但与同时期的羊舞岭窑产品有不同之处，钟鼓塘窑址产品以青白釉为主，在技术体系上仍属于景德镇青白瓷技术，而产品风格已开始转向，出现了不少仿龙泉窑的器形。

一篇发掘简报难以完整的表现该窑址的文化内涵和学术价值，在发掘报告尚未出版之前，为了弥补发掘简报报道的缺憾，我们产生了编辑出版出土瓷器图录的想法，以使学界在短时间内尽可能全面的了解这一重要发现。

本次发掘领队莫林恒，执行领队杨宁波，参与发掘和整理的人员有南县文物管理所谈国鸣、醴陵窑管理所黄云英、复旦大学文物与博物馆系博士研究生郝雪琳、湖南省文物考古研究所徐佳林、罗斯奇、杨盯、易跃进等。

本书是集体的成果，前言及器物描述由杨宁波、黄云英、郝雪琳、邱玥共同撰写完成。线图由罗斯奇和徐佳林绘制。检测标本由杨盯拍摄，图录器物摄影由文物出版社宋朝、张冰承担。

复旦大学沈岳明、郑建明教授对器物分类、定名提出了很多建议，针对我们整理遇到部分器物釉色难以归属的问题，在二位先生的建议下，由我所科技考古与文物保护中心的邱玥对窑址出土的部分器物进行成分分析，分析结果保证了我们对器物釉色划分的准确性。

本书的编纂出版得到了湖南省文物考古研究所郭伟民所长和高成林副所长的大力支持，文物出版社责任编辑秦或、彭家宇为本书的出版付出良多。器物英文名称由中央民族大学黄义军教授翻译。

在本书即将付梓之际，对所有关心支持醴陵窑考古和本图录出版的领导、专家、同仁致以衷心的感谢！

杨宁波